AI와 공공 도서관
독서 교육

AI문고

인공지능 시대입니다. 기계가 인간의 인지를 대신하고, 사물이 인간을 통하지 않고 다른 사물과 직접 커뮤니케이션합니다. 이에 따른 인간 삶과 문명 변화를 정확히 이해·예측·대응하는 것은 이 시대 우리 모두의 과제입니다. AI문고는 인공지능 기술과 환경의 여러 주제를 10가지 키워드로 정리합니다. 관련 개념과 이론, 학계와 산업계의 쟁점, 우리 일상의 변화를 다룹니다. 인간과 기술의 현재, 미래를 세심히 분석합니다.

일러두기

- 인명, 작품명, 저서명, 개념어 등은 한글과 함께 괄호 안에 해당 국가의 원어를 병기했습니다.
- 외래어 표기는 현행 어문규정의 외래어표기법을 따랐습니다.

처음이세요?

전문가세요?

AI와 공공 도서관 독서 교육

이운형

대한민국, 서울, 커뮤니케이션북스, 2026

AI와 공공 도서관 독서 교육

지은이 이운형
펴낸이 박영률

초판 1쇄 펴낸날 2026년 1월 27일

커뮤니케이션북스(주)
출판 등록 2007년 8월 17일 제313-2007-000166호
02880 서울시 성북구 성북로 5-11
전화(02) 7474 001, 팩스(02) 736 5047
commbooks@commbooks.com
www.commbooks.com

ISBN 979-11-430-1698-0 03500

책값은 뒤표지에 표시되어 있습니다.

차례

공공 도서관 현장과 AI

이 책의 목적은 AI 시대에 공공 도서관의 내부·외부적 변화와 독서 문화 변화를 파악하고, 현재 진행형인 변화에 대한 도서관의 대처와 서비스를 제안하며, 사서와 도서관의 역할과 미래 공공 도서관과 독서 교육에 대한 청사진을 그려보는 것이다. 이를 위해 열 가지 주제를 선정하여 이 주제들을 AI 기술과 도서관 현장과 연관 지어 논의할 것이다.

우리는 일반적으로 인공지능을 아래와 같이 배우고 정의한다.

인공지능(AI, Artificial Intelligence)은 인간의 지능을 모방하여 고도의 문제 해결 능력을 가진 인공적 지능을 말한다. 컴퓨터 공학에서는 이상적인 지능을 갖춘 존재, 혹은 시스템에 의해 만들어진 지능, 즉 인공적인 지능을 뜻하며, 일반적으로 범용 컴퓨터에 적용한다고 가정한다. 이 용어는 또한 그와 같은 지능을 만들 수 있는 방법론이나 실현 가능성 등을 연구하는 과학 분야를 지칭하기도 한다. 인공지능이라는 말이 처음 세상에 알려진 것은 1956년 다트머스 국제학회에서다. 다트머스 회의에서 존 매카시가 제안한 것으로 "기계를 인간 행동의 지식에서와 같이 행동하게 만드는 것"이다. 그러나 이 정의는 범용 인공지능(AGI, 강한 인공지능)에 대한 고려를 하지 못한 것 같다. 인공지능의 또 다른 정의는 인공적인 장치들이 가지는 지능이다. 대부분 인간처럼 사고하는 시스템, 인간처럼 행동하는 시스템, 이성적으로 사고하는 시스템 그리고 이성적으로 행동하는 시스템이라는 4개의 정의로 분류된다. 강한 인공지능은 어떤 문제를 실제로 사고하고 해결할 수 있는 컴퓨터 기반의 인공적인 지능을 만들어 내는 것에 관한 연구다. 즉, 인공지능의 강한 형태는 지각력이 있고, 스스로를 인식하는 것이라고 말할 수 있다. 약한 인공지능(weak AI)은 어떤 문제를 실제로 사고하거나 해결할 수는 없는 컴퓨터 기반의 인공적인 지능을 만들어 내는 것에 관한 연구다. 그와 같은 시스템은 진짜 지능이나 지성을 갖추고 있지는 못하지만, 어떤 면에서 보면 지능적인 행동을 보일 것이다. 오늘날 이 분야의 연구는 주로 미리 정의된 규칙의 모음을 이용해서 지능을 흉내 내는 컴퓨터 프로그램을 개발하는 것에 맞추어져 있다. 강한 인공지능 분야의 발전은 무척이나 미약했지만, 목표를 무엇에 두느냐에 따라 약한 인공지능 분야에서는 꽤 많은 발전이 이루어졌다고 볼 수 있다(기획재정부, 2020).

인공지능에 대한 기존 정의에서 살펴볼 수 있는 학문적, 기술적 정의와는 별도로 AI는 이제 우리 삶에서 떼려야 뗄 수 없는 비중을 차지하게 되었다. 일반인도 잘 모르는 분야가 있으면 "챗지피티한테 물어봐!"라고 쉽게 말할 정도라면 이미 그 대중적인 사용과 범용성은 검증된 것으로 파악할 수 있다. 본문을 쓰면서도 몇 번이나 고쳐 쓸 수밖에 없을 정도로 AI 기술은 매우 빠르게 변화하고 발전하고 있다. 뉴스를 포함한 다양한 소식 전달 매체에서 AI를 다루지 않는 날이 없을 정도로 우리 일상과 생활에 뿌리를 내리고 있는 것이 현실이다. 닷컴 버블이나 메타버스 쇠락의 경우와는 달리, AI는 국내에서도 네이버나 구글 등 검색 포털의 실질적인 검색 기능을 대체하며 자리를 잡아가고 있다.

그렇다면 공공 도서관은 무엇인가. 도서관법은 공공 도서관을 공중의 정보 이용, 문화 활동, 독서 활동, 평생 교육을 위해 국가 또는 지방자치단체가 설립한 도서관이나, 민간 기관 및 단체가 공중에게 개방할 목적으로 설립한 도서관으로 정의한다. 설립 주체에 따라 국립, 공립, 사립 공공 도서관으로 나뉠 수 있으며, 설립 목적에 따라 대학 도서관과 학교 도서관과 구분되는 공공을 위한 도서관을 지칭하며, 지역 사회에 도서관 서비스를 제공하는 작은 도서관까지 포함하는 개념이다. 공공 도서관 현장은 다종 · 다양한 도서관 서비스를 제공하는 사서와 이용자가 만나는 모든 시간과 공간(온라인 포함) 및 사서가 이용자를 위해 서비스를 준비하는 시간까지를 포함하는 포괄적인 개념이다. 공공 도서관 현장에서 사서와 이용자는 수많은 형태의 상호작용(질문과 대답, 요구에 대한 응대, 서비스에 대한 수락과 거절, 정보의 제공과 미제공, 만족과 불만족, 문제 행동 등 다양한 형태로 나타난다)으로 도서관을 만들어가기에 뒤에 언급할 랑가나탄이 말한 것처럼 "도서관은 살아 있는 유기체"라고 말해도 무방할 것이다.

최근 AI 사용이 보편화됨에 따라 도서관은 정보 탐색, 지식 정보 서비스의 제공, 아울러 독서 교육의 방식까지 재편해야 할 위기이자 기회를 맞이하였다. 공공 도서관은 전통적인 정보 축적 및 제공, 지역 커뮤니티 제공 등 다양한 역할에 AI를 매개로 하는 '정보 중재자', '학습 촉진자' 역할을 추가로 제공할 수 있는 곳이 되도록 준비하고 이를 위해 인공지능과 관련한 다양한 서비스를 계획 · 실행할 준비 또한 충실히 하고 있다. 공공 도서관은 전통적으로 정보의 접근과 정보 제공의 공평성이 보장되는 장소다. 도서관의 구(舊) 5원칙(S.R. 랑가나탄이 1931년에 제시한 도서관학 5법칙, '책은 이용하기 위한 것이다', '모든 이용자를 위해 책이 존재한다', '모든 책은 이용자에게', '이용자의 시간을 절약해야 한다', '도서관은 성장하는 유기체다'), 신(新) 5원칙(도서관의 내·외부적 환경 변화에 따라 마이클 고먼이 제시한 도서관의 새로운 5법칙, '도서관은 인류를 위해 봉사한다', '지식을 전달하는 모든 형태의 매체를 존중하라', '누구에게나 지식에 대한 자유로운 접근을 보장하라', '도서관 서비스를 향상시키기 위해 기술을 현명하게 활용하라', '과거를 존중하고 미래를 창조하라') 중 어느 원칙에 따르더라도 이는 자명한 이치다. 공공 도서관의 정보 제공과 정보 제공의 평등성을 가장 잘 보여 주는 것은 도서관이 공식적으로 제공하는 목록과 자료다. 공공 도서관 통계 상 자료 대출 목록에서 AI 관련 도서는 인기 대출 순위에 지속적으로 오르고 있고, 이용자가 대출한 책의 목록을 인공지능이 분석하여 흥미 있어 할 만한 다른 자료를 추천해 주는 서비스도 이미 실현 및 적용되고 있다.

신기술의 시험대인 공공 도서관

공공 도서관은 최신 기술이 적용될 때, 가장 먼저 시험대에 오르는 경향이 있다. 예를 들어, 과거 각종 어플리케이션(앱)에서 모바일 신분증을 처음 도입할 때를 들 수 있다. 모바일 신분증을 정식 신분증으로 인정할지에 대한 논의를 공공 도서관 현장에서 선제적으로 제기할 수밖에 없는 것이, 실제 이용자들이 도서관 회원 가입을 위해 모바일 신분증을 제시하는 경우가 있고, 도서관의 이용자 서비스 현장에서는 이에 대한 서비스를 외면할 수 없기 때문이다. 이에 대한 서비스는 이용자 서비스를 담당하는 모든 사서가 공통적으로, 통일된 형태와 규정대로 제공해야 하며, 이에 대한 서비스 매뉴얼도 통일할 필요가 있다.

AI 관련 서비스도 위의 사례와 같이 적용될 수 있는 것이, 이미 이용자는 AI를 실생활에서 편리하게 사용하고 있는데, 도서관에서는 이러한 편리성을 제공하기는커녕, 따라가지도 못한다면, 일반 이용자의 높은 눈높이를 맞추지 못하고 다른 지식 정보 서비스에 그 자리를 내주게 될 것이 자명하기 때문이다.

AI 기술 도입에 수반되는 여러 가지 문제

하지만 AI 도구를 도서관 현장에 도입하는 것과 새로운 방식의 독서 교육 패러다임을 모색하는 변화는 기술뿐만 아니라, 사람 · 문화 · 윤리의 문제도 함께 수반한다. 현장의 사서들은 참여율, 대상자의 다양성 확보, 예산 및 인력의 한계, 기술 인프라 미비, 이용자의 AI 이해도 미비, 시시각각 빠르게 변화하는 AI 기술의 발전 등 여러 가지 어려움에 직면해 있다. AI 도구의 도입이 자동으로 문제를 해결하는 것이 아니라 오히려 새로운 문제와 부담으로 다가올 수 있음을 먼저 알아야 한다(LiBLime, 2025).

한 명의 사서로서, AI와 공공 도서관, 독서 교육의 만남이 도서관 독서 교육 현장의 한계를 돌파할 수 있는 계기 또는 출발선이 될 수 있음을 믿으며, 이에 대해 조심스럽게 접근하고자 한다. 독서란 단순히 책을 읽는 행위가 아니라 독자의 사고력, 비판력, 상상력, 즉 리터러시를 키우는 과정이므로, AI가 그 보조 또는 촉매로 기능하되, "인간 중심"의 원칙을 늘 지켜야 한다고 가정하고 접근한다.

AI 시대를 포함한 모든 시간, 공공 도서관의 역할

공공 도서관은 지역 사회 내에서 디지털 리터러시 역량을 함양하고 증진하는 데 중요한 역할을 해 왔다. AI의 급속한 발전은 공공 도서관이 이용자와 소통하고 이에 대해 교육할 수 있는 새로운 기회를 제공한다. 여기에는 사람들이 AI가 무엇이고, 언제 유용하며, 어떤 점을 주의해야 하는지 이해하도록 돕는 일이 포함된다. 사회적으로나 경제적으로나 AI 기술을 요구하는 일자리가 점점 늘어나고 있지만, 성인의 상당수는 미래의 직업 또는 경력에 AI를 활용할 준비가 되어 있지 않다. 공공 도서관은 이러한 성인들을 대상으로 무료 또는 최소한의 비용만으로 교육 서비스를 제공할 수 있는 최적의 장소다.

모든 사람이 의도적으로 AI를 활용하지 않더라도 이미 일상생활에서 AI는 실질적 영향력을 행사한다. 일기예보, 소셜 미디어, 온라인 쇼핑 등 우리가 자주 사용하는 어플리케이션에서도 이미 AI는 사용되고 있다. 우리는 AI 도구를 활용하여 번역, 면접 준비, 글쓰기 등 긍정적인 혜택을 누릴 수 있다. 이러한 긍정적인 분야를 강화하기 위해 공공 도서관은 어떠한 접근을 할 수 있을까? AI 기본 개념, 개별 AI 도구 사용법, AI 범죄(피싱, 사기 등) 예방법, AI에 대한 공개 토론회, 구직자를 위한 AI 도구 사용법, AI 관련 도서를 읽고 나누는 독서 토론 동아리 등 다양한 프로그램을 기획하고 제공할 수 있다.

AI 시대, 간과할 수 없는 문제점

위에서 잠깐 언급한 AI의 부정적인 측면을 짚고 넘어가자. 이러한 부분들에 대해 알고 대처하는 방법을 교육하는 것 또한 공공 도서관의 사회적 책무이기 때문이다.

이전에 이미 있었던 범죄 수법에 AI를 활용하는 경우가 있다. 그 대표적인 예로, 로맨스 스캠이나 피싱 메시지를 들 수 있다. 이런 속임수는 실제로 매우 흔하며 필자에게도 이런 유사한 문자 메시지나 DM(Direct Massage, 페이스북 · 인스타그램 등 소셜 미디어에서 사용하는 메시지 프로그램)이 오기도 한다. 실제 인물이나 합법적인 내용인 것처럼 위장하여 피해자를 속이고 개인정보를 빼내거나, 금전적으로 손해를 입히거나, 유해한 링크를 클릭하도록 유도하기도 한다. 그런데 이러한 사기성 메시지도 AI를 통해 자동화할 수 있다는 연구 결과가 있다. AI를 이용하면 이러한 피싱에 드는 비용을 95% 이상 절감하고, 일반 피싱 문자의 성공률과 동등하거나 그 이상의 성공률도 달성할 수 있다고 한다. 딥페이크 영상이나 음성으로 가족이나 회사 상사의 목소리를 합성해 돈을 송금하도록 유도하거나(장효원, 2025a; 2025b; 2025c), AI 챗봇이 자연스럽게 대화하면서 개인 정보와 금융 정보를 빼가는 것, AI가 자동으로 소셜 미디어 계정을 만들어 여론 조작을 시도하거나 광고성 스팸을 대량으로 살포하는 것, AI가 온라인 활동 기록을 분석하고 개개인에게 맞춤형 피싱을 제공한다거나 얼굴 인식 기술을 활용하여 개인의 프라이버시를 침해하는 무단 추적 감시를 실시하는 것, 딥페이크로 유명인이나 지인의 모습을 합성하여 명예를 고의로 실추시키는 것, 사회적이고 실질적인 관계를 AI 챗봇으로 대체시켜 관계가 단절되고 고립을 심화시키는 것, 검증되지 않은 고수익 보장 명목으로 AI 투자 알고리즘을 내세워 불법적 투자를 유도하는 것, AI가 작성한 가짜 채용 공고로 개인정보와 금전을 빼앗아가는 것, 이메일 · 문자 · 카카오톡 등에 스팸과 광고성 메시지를 자동으로 생성하여 발송하는 것, AI가 생성한 가짜 인터뷰 및 후기를 통해 소비자를 현혹하여 구매를 유도하는 것, AI 채팅이나 가계정과의 교류 후 그것이 실제가 아니었음을 알게 되었을 때 받는 정신적 스트레스, AI 챗봇이 관련된 사망 사건[빅시스 빌리 사건, 캐릭터닷AI(Character.AI)와 대화한 10대 소년 자살 사건] 등이 있을 수 있다. 이러한 AI의 부정적인 면에 대해 전 세대에 교육하고 개도하는 것 또한 공공 도서관의 평생학습 기관 역할 및 교육적 역할을 강조하는 것으로 부족함이 없을 것이다.

본문 구성

AI 시대에 공공 도서관이 해야 할 일들과 독서 교육에 관한 제언을 소개한다. 이를 위해 저자는 열 개의 주제들을 선택했다. 이 주제들은 공공 도서관과 독서 교육의 현재와 미래를 이해하기 위해 선정한 것들이다. 이 주제들은 AI와 긴밀하게 연결된 공공 도서관의 현장에 대해 논하며, 동시에 AI-인간과 AI-공공 도서관, 인간-공공 도서관 사이의 관계를 이해하는 출발점이 될 것이라 생각한다. 이하에서 우리는 이 열 가지 주제들을 AI 기술과 연관 지어 파악해 볼 것이다. 이를 통해 AI 기술이 공공 도서관 독서 교육의 미래에 제시하는 새로운 가능성과 현장의 사서들에게는 어떤 도전과 훈련이 있을 것인가에 대해서도 생각해 보고자 한다.

도서관은 살아있다. 그리고 유기체이므로 계속 변화한다. 변화의 방향은 때로는 성공적이기도 하고, 실패하기도 한다. 변화가 항상 옳은 방향으로 설정되지는 않지만, 그것은 결국 환경을 포함해 모든 변수를 계획 안에

상정하기 불가능한 인간 능력치의 한계다. AI가 이러한 변화에 대해 실패 가능성을 줄여주는 방향을 제시할 수 있을 것인지, 아니면 인간의 사고와 편향까지도 학습하는 AI가 인간과 같은 실수를 반복하지는 않을 것인지 우리는 확신할 수 없다. AI가 만드는 교육 방법은 그것 자체로 무결할 것인가. 그 안에서 사서의 역할은 무엇인가. 1장과 2장에서 우리는 AI 시대와 공공 도서관의 변화, 그리고 변화된 독서 문화에 대해 알아본다. 3장에서는 공공 도서관에서 이루어지는 독서 교육의 현재와 앞으로의 과제를 진단하고, 4장부터 7장까지 AI의 도입을 통한 현장의 독서 교육 방법의 변화와 개선안을 모색할 것이다. 8~10장에서는 AI 시대에서 살아가는 사서의 역할에 대한 재정립과 도서관 정책 및 제도적 지원의 필요성, 독서 교육의 미래와 앞으로 다가올 공공 도서관은 어떠한 방향으로 나아가야 할지에 대한 청사진을 그려본다.

목적은 크게 두 가지다. 첫째, 도서관 현장에서 사서와 이용자가 AI 기반 독서 교육을 어떻게 준비하고 실행할 수 있을지 실제 전략을 제시하는 것, 둘째, 정책적 · 학문적 · 제도적 기반과 함께 지역 사회가 구축해야 할 교육적 비전을 구체적 · 실질적으로 탐구하는 것이다.

참고문헌

국가법령정보센터. 「도서관법」.
https://www.law.go.kr/법령/도서관법

기획재정부(2020). "인공지능". 《시사경제용어사전》.
https://www.moef.go.kr/sisa/dictionary/detail?idx=2046

김지수·안재명(2025.8.30). "AI와 상담한 소년이 죽었다, 책임은 누구에게 있을까". 법률신문.
https://www.lawtimes.co.kr/news/210992

장효원(2025a.1.24). "[개인·기업 노리는 딥페이크 공포①] 내 얼굴이 범죄에 이용?… '필수품'된 탐지 기술". 아시아경제.
https://www.asiae.co.kr/article/2025012414515122434

장효원(2025b.2.19). "[개인·기업 노리는 딥페이크 공포②] 가짜 CEO가 명령했다… '실시간' 탐지 기술 절실". 아시아경제.
https://www.asiae.co.kr/article/2025021908494896668

장효원(2025c.2.28). "[개인·기업 노리는 딥페이크 공포③] 고객님 전화받고 499억 털렸어요… 더 정교해진 '딥보이스 피싱'". 아시아경제.
https://core.asiae.co.kr/article/2025022810270795470

Badhe, S.(2025). ScamAgents: How AI Agents Can Simulate Human-Level Scam Calls. arXiv preprint arXiv:2508.06457.

Begou, N. et al.(2023). Exploring the dark side of ai: Advanced phishing attack design and deployment using chatgpt. 2023 IEEE Conference on Communications and Network Security (CNS).

Crawford, W. & Gorman, M.(1995). *Future Libraries*. American Library Association.
https://www.ala.org/aboutala/offices/publishing/editions/samplers/futurelibraries

Heiding, F. et al.(2024). Evaluating Large Language Models' Capability to Launch Fully Automated Spear Phishing Campaigns: Validated on Human Subjects. arXiv preprint arXiv:2412.00586.

LibLime(2025.3.17). AI Literacy in the Future of Libraries: Adapting to a New Information Landscape. https://liblime.com/2025/03/17/ai-literacy-in-the-future-of-libraries-adapting-to-a-new-information-landscape/

Ng, D. T. K.(2021). Conceptualizing AI literacy: An exploratory review. *Computers and Education: Artificial Intelligence, 2*. https://www.sciencedirect.com/science/article/pii/S2666920X21000357

Schmitt, M. & Flechais, I.(2024). Digital deception: generative artificial intelligence in social engineering and phishing. *Artificial Intelligence Review, 57*, 324. https://doi.org/10.1007/s10462-024-10973-2

Tan, X. W. et al.(2024). ScamGPT-J: Inside the Scammer's Mind, A Generative AI-Based Approach Toward Combating Messaging Scams. arXiv preprint arXiv:2412.13528.

WebJunction(2025.6.19). How public libraries are teaching AI and digital literacy skills. https://www.webjunction.org/news/webjunction/ai-programming-for-patrons.html

Young, A.(2025.8.16). Senior, 76, died while trying to meet Meta AI chatbot 'Big Sis Billie' — which he thought was real woman living in NYC. New York Post. https://nypost.com/2025/08/16/us-news/nj-senior-died-trying-to-meet-meta-ai-chatbot-big-sis-billie/

01
AI 시대와 공공 도서관의 변화

AI에게 모든 문제에 대한 해답을 구하는 시대, 공공 도서관은 어떤 변화에 직면하는가. 공공 도서관을 운영하는 요소 중 하나인 사서가 시대의 변화를 읽고 혁신의 필요성을 이해해야만 지금 닥쳐 온 트렌드와 변화에 능동적으로 대처할 수 있다. IT의 발전을 혁명 수준으로 끌어올린 AI 시대에 부합하는 서비스 쇄신의 필요성, 아울러 국내외 도서관이 AI 도입을 위해 어떤 노력을 기울이고 있는지도 정리한다.

기후 위기와 인공지능?

도서관을 둘러싼 환경의 변화와 도전

AI의 보편화는 정보 탐색과 서비스 제공 방식을 변화시킨다. 공공 도서관은 전통적으로 정보를 모으고 순환시키며(자료 수집 및 정리, 보존, 대출 및 반납, 폐기에 따른 자료 및 정보 순환 주기), 정보와 이용자를 연결한다. 현재는 지역 사회에 대한 교육과 커뮤니티 구성에도 앞장서고 있다. 이러한 정보 허브적, 커뮤니티적 역할 수행에 AI 혁명이라는 외부 환경 요인이 강력하게 대두하였다. 일부 연구자나 학자들만이 사용하는 것이 아니다. 사서와 이용자의 스마트폰 안에 이미 AI 기능은 기본으로 탑재되어 있거나, 손가락 클릭 한 번으로 어플리케이션의 형태로 설치 가능하다. AI를 사용하여, 일기를 쓸 수도 있고, 사진이나 영상도 만들어 낼 수 있으며(생성형 인공지능, GEN-AI), 숙제나 과제를 하거나, 여행 일정을 계획할 수도, 최적화된 이동(AI 기반 내비게이션)을 이용할 수도 있다. 만능처럼 '보이는' AI의 등장으로 사람들은 과거 인터넷 혁명 시절에 주로 언급되었던 그 말을 다시금 꺼내고 있다. "이제 도서관 갈 일 없겠네?"

그럼에도 불구하고, 사람들은 여전히 공공 도서관(이하 도서관)을 방문하고, 도서관에서 책을 읽고 대출, 반납을 하며, 도서관에서 준비한 프로그램을 즐기고, 도서관에서 사람들을 만나고 사귄다. 왜 그럴까?

이는 종이책이라는 실체 또는 실물 코덱스(Codex)가 가지는 힘, 도서관이라는 공간 자체가 가지는 공간력, 사람들이 모여 관계를 맺는 장소성 등 다양한 관점으로 볼 수 있다. 그러나 무엇보다 도서관은 공공재이기 때문이다. 공공재의 의미는 공기나 물처럼 누구든 접근할 수 있고, 공평하게 이용할 수 있다는 의미다(유료 회원 가입을 통해 이용을 해야 하는 도서관은 분명 있으나, 그런 곳은 극소수이기 때문에 통계에도 거의 잡히지 않는다). '공공' 도서관은 기본적으로 '무료'로 정보를 '누구나' 이용할 수 있는 곳이다.

AI가 본격적으로 도입되기 시작하면서 몇몇 발 빠른 도서관에서는 AI 챗봇 서비스, AI 자동 도서 주제 분류, 이용자 독서 취향을 AI가 분석해 도서를 추천해 주는 서비스 등을 시행하여 서비스 효율성을 높이고 있다. 이용자는 안내 데스크의 사서에게 직접 추천 도서를 묻는 것보다, 자신의 대출 이력을 분석한 AI에게 다음 대출할 도서를 추천받을 수 있다. 물론 이런 상황이 옳다 그르다 판단을 하자는 건 아니다. 이런 상황이 있다는 것을 제시하기 위한 단적인 예다.

사서와 도서관 조직은 운영 투명성과 데이터 거버넌스

(조직의 데이터를 전 수명 주기 즉, '수집-저장-처리-폐기'에 걸쳐 관리하기 위한 원칙, 정책, 프로세스, 표준, 기술, 사람의 역할을 포괄하는 체계적인 접근 방식, 보통 장서 정책과 도서관 표준 운영 매뉴얼로 대표된다) 확립을 위해 AI 기술을 도입할 수 있다. 외국의 조사 결과에 따르면 다수의 도서관이 AI를 운영 방식에 도입할 계획이나 검토 중인 것으로 알려져 있다(Majority of Libraries Planning for AI Integration, Matt Enis, Library Journal). 프로퀘스트와, 웹 오브 사이언스 등의 모회사인 클래리베이트(Clarivate)가 사서를 대상으로 실시한 글로벌 설문 조사에 따르면, 도서관의 60% 이상이 현재 인공지능의 구현을 평가 또는 계획하고 있다고 한다. 물론 학술도서관에 근무하는 사서들의 긍정적 응답률이 두 배 이상 높기는 하지만, AI는 도서관 근무 환경 구성에서도 피할 수 없는 현실이다. 물론 AI의 도입이 사서의 일자리를 감소시키고, 업무를 빼앗아간다고 인식하는 사서들도 있다. 그러나 현실적으로 일상적·반복적 업무를 AI를 통해 해결할 수 있다면, 굳이 AI를 일상 업무에 도입하지 않을 이유는 없을 것이다. 사서들이 도서관 운영 전략이나 그 외 창의성을 요구하는 전문 활동, 실제 이용자를 현장에서 도와주는 역할 등에 집중할 수 있도록 사서에

대한 AI 활용 능력 교육이 절실하다. 사서의 AI 활용 능력 향상은 개인적 업무 능력 향상과 더불어, 이용자 교육 및 문제 해결에도 분명 도움이 될 것이기 때문이다. AI 활용 교육 및 연수 부분에 더 많은 예산을 투입한다면, 도서관의 소프트웨어라 할 수 있는 사서의 능력을 향상시키는 결과와 함께 새로운 기술 활용으로 인한 사서의 전문성 강화, 빠른 문제 해결을 통한 이용자 만족도 상승에도 도움이 될 복합적 효과를 낼 수 있으리라 예상한다. 교육을 통한 사서의 능력 향상은 도서관 경영 측면에서 투자 대비 효율성(Return On Investment, ROI)을 가장 효과적으로 향상시킬 수 있는 방법이기 때문이다.

결국 도서관과 사서는 전통적으로 정보의 허브 역할을 수행하는 차원에서 AI 도구를 매개로 하는 새로운 역할인 '정보 중재자(Information Mediator)', '학습 촉진자(Facilitator)' 역할로 확장된다는 의견이 지배적이다. 교과서적인 측면에서 살펴보자면, 정보의 생산자와 소비자 사이에서 정보의 흐름을 관리하고 통제하는 사람으로서 사서의 역할은 주로 '참고 사서(Reference librarian)'가 맡게 된다. 참고 사서는 주제 전문가, 데이터 조사 분석가, 정보 경영자 등의 이름으로도 불린다. 참고 사서는 정보 검색 및 선별 능력, 뛰어난 의사소통 능력, 정보 기술 활용 능력, 특정 분야에 대한 깊이 있는 지식, 사회 봉사 정신, 지속적인 학습 및 연구 자세, 세심함과 꼼꼼함 등 지식과 기술, 개인적 특성을 종합적으로 지니고 있어야 한다. 사서의 역량에 대한 종합적 고찰은 ALA(American Library Association)가 발행한 문서를 참고하면 잘 알 수 있다. 이는 ALA 교육 위원회에서 2009년 핵심 역량을 정책을 개정하고, 2023년 루이지애나 주 뉴올리언스에서 개최된 2023 LibLearnX 회의에서 ALA 이사회 최종 승인 및 정책으로 채택되었다.

국내 공공 도서관에서는 대부분 참고 사서를 따로 두고 있지는 않다. 대신 경험 많은 도서관 사서가 이 역할을 대신하는 경우가 대부분이다. 경험 많은 도서관 사서는 이용자를 대하는 데 노련함과 겸손함을 함께 사용한다. 이를테면 정보 제공 현장, 예를 들어 자료실에 어떤 요청(Question)이 들어올 경우, 자료실 담당 사서가 그 요청에 대해 최대한 답변(Answer)을 하고자 노력하지만, 그 요청에 대해 이용자가 만족할 만한 답변을 제시하기 어려운 경우, 선임자이자 그러한 요청에 대한 답변 경험이 많은 사서가 대신 답변을 하는 방식이다. 이 과정에서 표준화된 매뉴얼에 따라 답변이 이루어지고, 그러한 매뉴얼에 벗어나는 경우 최대한 적절한 답변을 하고자 노력한다. 이러한 질의와 답변은 다시 기록되어 Q&A로 작성되며, 매뉴얼에 추가되기도 한다. 답변을 얻고 이용자에게 실질적인 도움을 주는 과정에서 사서는 AI 도구를 활용할 수 있으며, 이 답변의 신뢰성을 검증하고 적절한 형태로 가공하여 이용자에게 제공할 수 있다. 실질적인 수치로 가공하여 답변하는 것은 힘들지만, 어린이와 노인, 장애인, 경계성 지능을 가진 이용자 등 AI 도구를 쉽게 사용하기에 어려움을 겪는 도서관 이용자층에게 서비스하는 부분은 사서의 도움이 필수적이다. 민감하고 세밀한 배려가 필요한 서비스의 경우 AI가 여전히 활용될 수는 있겠지만, 결국 '인간'의 지능을 가지고 '마음'과 '몸'을 지닌 사서가 더 잘 처리할 수 있을 것으로 예상하기란 어렵지 않은 일이다.

AI를 위한 데이터 제공처로서의 도서관

AI는 LLM(Large Language Model, 대규모 언어 모델)이 그 기본적인 출발점인 것을 이미 알고 있을 것이다. 그렇다면, 방대한 양의 텍스트 데이터를 가장 손쉽게 구할 수 있는 곳은 어딜까? 바로 도서관이다. 설명이 필요 없는 대표적인 검색 공룡 기업 구글과 챗GPT로 유명한 회사 OPEN-AI를 비롯한 여러 AI 테크 기업들은 토큰이라 불리는 AI 학습용 정보를 모으는 데 혈안이 되어 있다. 하버드 대학 연구소에서 분석한 기준에 따르면 쓸 만한 AI Tool 하나를 만드는데 약 2420억 개의 토큰이 필요하다고 한다. 엄청난 숫자처럼 보이겠지만, 이는 가장 발전한 AI 시스템에 공급되는 것으로 알려진 양보다는 턱없이 부족하다. META(페이스북, 메신저, 메타퀘스트, 인스타그램, 스레드, 왓츠앱 등의 사업을 운영하는 미국의 종합 IT 기업, 2025년 10월 현재 전 세계 기업 중 시가총액 6위, 자산 시가총액 9위, 의장 마크 저커버그)가 운영하는 최신 AI 시스템은 텍스트, 이미지, 동영상에서 가져온 30억 개 이상의 토큰으로 자사의 언어 모델을 훈련시키는 것으로 알려졌다.

2025년 6월부터 하버드 대학교 도서관에 소장된 100만 권의 도서가 일반에게 공개되었다. 15세기에 출간되어 254개의 언어로 번역된 것들이다. 또한 보스턴 공공도서관이 소장하고 있는 오래된 신문과 정부 문서들도 곧 공개되었다. 자신의 창작물이 별다른 동의 없이 AI 시스템의 훈련을 위해 사용되었다는 저작권 시비에 늘 시달리고 있는 테크 기업들은 이미 저작권이 만료된 이러한 대량 정보들의 공개를 통해 숨통이 트이는 데이터 '보물'을 얻었다고 할 수 있다. 연구자들은 데이터 고갈로 인해 AI가 만든 저품질 합성 데이터에 의존하여 불만족스러운 결괏값을 내어 놓는 현상이 이번 공개를 통해 얼마간 해소가 될 것으로 낙관하고 있다. 물론 이는 마이크로소프트와 OPEN-AI의 무제한급 기부 지원을 받는 하버드 기반 연구 데이터 기관이 함께 일하고 있는 전 세계의 도서관과 박물관과 함께 역사적인 자신들의 수집품을 그들이 봉사하고 있는 지역 사회에 AI 전환 가능한 형식으로 제공하자는 결의에서 나온 결과다. 하버드가 새롭게 펴낸 "Institutional Books 1.0"에는 3억 9400만 페이지가 넘는 스캔된 종이가 포함되어 있다. 초기 작품 중 하나는 1400년대에 제작된 것으로, 한국의 화가가 꽃과 나무를 가꾸는 것에 대한 생각을 직접 손으로 그리고 쓴 것이다. 가장 많은 작품은 19세기에 제작된 것이고, 문학, 철학, 법학, 농업과 같은 주제를 다루고 있다. 여러 세대에 걸쳐 사서들은 이러한 자료를 꼼꼼하게 정리하고 보존해 왔다. 이 자료들은 AI 시스템의 정확성과 안정성을 개선하고자 하는 개발자들에게 큰 도움이 될 것이다. 초기 AI 연구자들은 위키피디아, 레딧 같은 외국의 소셜 미디어 포럼, 불법 복제 도서 아카이브에서 끌어온 텍스트의 출처에 대해 그렇게 신경 쓰지 않았다. 그들은 단순히 많은 토큰을 모으는 것에 신경 썼기 때문에, 자료의 정확성이나 윤리성에는 별로 신경 쓰지 않았다.

OPEN-AI는 옥스퍼드 대학교의 보들리언 도서관을 포함한 연구 기관 그룹에도 5000만 달러를 기부했다. 이 도서관은 희귀 텍스트를 디지털화하고, AI를 사용하여 이를 필사하는 데 도움을 준다. 정보를 스캔하고 텍스트화하는 작업에는 비용이 많이 들기 때문에, 해당 기관에 근무하는 사서들은 어차피 시간과 비용이 투입되어야 하는 이 작업들에 테크 기업들의 지원이 더해진다면, 서로의 이해관계가 일치하는 방향이 될 것이라고 동의했다.

하버드 대학의 소장 자료들은 2004년부터 구글의 온라인 도서관 제작 프로젝트(Google Books Library Project)의 일부로 디지털화가 진행되다가 '신규 도서'나 '저작권을 가진 저작권자가 생존해 있는 도서'에 대해서도 '불법적인' 스캔 시도가 있었다는 반대와 법적 제한에 부딪혀 이 자료들을 포함해 상당수 자료(50~60페타바이트)가 관련 엔지니어들만이 접근할 수 있는 형태로 잠들어 있는 것으로 알려져 있다. 대신 구글은 저작권이 소멸한 고전 자료를 중심으로 디지털화에 박차를 가했다. 이를 통해 구글은 2000만 권 이상의 데이터베이스를 가지게 됐다. 2005년 미국작가협회가 구글에 제기한 저작권 침해 손해배상 소송에서 미 연방대법원은 작가들의 상고 신청을 기각했다. 법원은 구글의 프로젝트가 작가들의 저작권을 침해하지 않았으며, '공정 이용'을 인정하고 해당 프로젝트가 저작권을 해친 것이 아니라 오히려 원작의 가치를 더 높여주고, 책 찾기를 쉽게 만들어줌으로써 도서의 판매량 향상에 도움을 주었다는 구글의 주장도 받아들였다.

이렇듯 AI 시대는 도서관과 저작권에 대한 새로운 접근법과 환경 변화를 지속적으로 제시하고 있다. 다음 장에서 우리는 독서 문화가 인공지능 시대에는 어떻게 변화되는지에 대해 살펴볼 것이다.

참고문헌

곽우정·노영희(2021). "도서관의 인공지능(AI) 서비스 현황 및 서비스 제공 방안에 관한 연구". 《한국도서관·정보학회지》, 52(1), 155~178쪽.

송현경·심효정(2024). "인공지능 활용에 대한 공공 도서관 사서들의 인식 연구". 《인문사회과학연구》, 32(4), 509~544쪽.

AI리포터(2024.10.24). "클릭 한 번으로 책 찾는 구글의 '도서 검색 서비스' 프로젝트가 없어진 이유". 디지털투데이. https://www.digitaltoday.co.kr/news/articleView.html?idxno=538442

American Library Association(2023). ALA's Core Competences of Librarianship. https://www.ala.org/sites/default/files/educationcareers/co

ntent/2022%20ALA%20Core%20Competences%20of%20Librarianship_FINAL.pdf

Enis, M.(2024.9.11). Majority of Libraries Planning for AI Integration. Library Journal. https://www.libraryjournal.com/story/majority-of-libraries-planning-for-ai-integration

O'Brien, M.(2025.6.13). AI chatbots need more books to learn from. These libraries are opening their stacks. AP News. https://apnews.com/article/ai-chatbot-training-data-libraries-idi-e096a81a4fceb2951f232a33ac767f53

Wyatt, E.(2005.9.21). Writers Sue Google, Accusing It of Copyright Violation. The New York Times. https://www.nytimes.com/2005/09/21/technology/writers-sue-google-accusing-it-of-copyright-violation.html

02
AI 시대 독서 문화의 재해석

AI는 독서 접근성과 독자가 책을 발견하는 방식 자체를 변화시킨다. 오디오북, 전자책에 대한 이용과 더불어, 책 요약 서비스, 선호 도서 분석을 통한 자료 추천 서비스, 검색 서비스 등에 AI가 어떤 영향력을 발휘하는지 알아보자. 또한 이러한 추천과 검색의 편향 위험성과 도서관 내 스마트 공간 및 디지털 서비스 설계 방향에 대해서도 알아본다.

노래하는 AI 보컬?

AI 독서 플랫폼 확산

미국 현지 시각으로 2025년 1월 7일부터 10일까지 미국 라스베이거스에서 열린 CES 2025에서 웅진씽크빅은 AI 분야 최고혁신상을 받았다. 수상 이유는 AI 독서 플랫폼 북스토리(booxtory) 제작이다. 북스토리는 생성형 AI 기술을 활용해 사용자가 원하는 언어로 책을 번역하고 음성으로 읽어 주는 서비스를 제공한다. 스토리에 맞는 시각 효과, 배경음, 퀴즈 등을 제공하여 독서 몰입도를 높인다. 2025년 10월 개관 예정인 경기도서관에서 공식 서비스를 제공할 예정이다.

오프라인 위주의 독서 환경을 변화시키고 혁신시킬 기술로써 주목받는 AI 기술은 이제 독서 경험의 다변화를 넘어 시각장애인 등 정보 접근성이 낮은 이용자에게도 더 나은 독서 경험을 제공한다. AI를 활용한 대표적인 독서 서비스는 독자와 상호작용하는 독서 가이드다. 밀리의 서재는 AI 챗봇을 통해 책의 핵심 내용과 줄거리, 배경 지식을 제공하는 AI 독파밍 서비스 출시를 예고했다. 장순규(계명대 시각디자인과) 교수 연구팀도 '생성형 AI 캐릭터 작가와의 대화를 통한 독서 문화 증진 서비스'를 고안했다. 장순규 교수 연구팀은 "AI가 개인화된 학습을 실현하는 데 크게 기여하고 있다"며 "독자들은

AI로 구현된 작가 캐릭터와 대화하고 토론하며 몰입감 있는 독서를 경험할 수 있을 것"이라고 전했다. 런케이에듀의 리딩플러스 서비스는 온라인으로 서비스 이용자의 레벨을 평가하는 도서 지수 검사를 실시하고, 취약 영역을 파악하여 정확한 레벨 배정을 한다. 이어서 교재에 수록된 중요 어휘를 학습하고, 빈칸 채우기, 고쳐 쓰기, 순서 배열, 선긋기 유형 등의 문제를 학습하게 하고, 수업을 완료한 이용자가 개인화된 맞춤형 수업 리포트를 확인할 수 있다. 취약 영역, 학습 시간, 영역별 성취율, 점수 등을 제공하는 서비스 전반에 AI를 활용한다. 이미 여러 도서관에서 제공하고 있는 서비스인 AR 영어 독서 능력 향상 프로그램[SR(STAR Reading) 프로그램과 AR(Accelerated Reader) 프로그램으로 구성. SR 테스트를 통해 개인의 영어 독서 능력을 파악한 후 그에 맞는 책을 읽고, AR로 영어 독서 퀴즈를 풀어가면서 영어 독서 능력과 학습력 향상을 추구하는 영어 독서 프로그램]의 AI, 국어 독서 능력 향상 프로그램 버전이라고도 할 수 있다.

2025년 3월, 네이버클라우드, 클라비, 채움씨앤아이 3사는 공공 도서관 디지털 전환 및 AI 기반 서비스 혁신을 위한 업무 협약(MOU)을 체결했다. 3사는 올해부터 단계적으로 전국 공공 도서관의 클라우드 전환을 추진하며, 디지털 서비스 이용·확산 지원 사업(과학기술정보통신부와 한국지능정보사회진흥원이 추진, 클라우드컴퓨팅법 제12조, 제20조 등에 근거하여 공공부문 민간 클라우드 이용 촉진과 행정 업무 등 공공 서비스의 디지털 혁신 실현을 목적으로 함)에 참여하여 2028년까지 2500개 이상의 도서관을 네이버클라우드 기반 클라우드 서비스로 전환하고, 네이버의 하이퍼클로바X를 활용한 도서관 환경 최적화 AI 서비스를 개발하고, AI 추천 서비스뿐만 아니라. AI 도서 토의 서비스(AI 기반 독서 토론 및 의견 교환 기능 지원)를 제공할 예정이다.

그러나 이러한 AI를 통한 빠른 정보 습득이 독자의 사고력 향상에는 부정적인 영향을 끼칠 것이라는 분석도 있다. 장순규 교수는 직관적이고 쉽게 들어오는 정보에 의존하면 사고가 단순해 질 수 있고, 맥락(context)을 놓칠 위험도 있다고 지적한다. 손혜숙(한남대학교 탈메이지 교양융합학부) 교수는 AI가 학습자가 글을 읽으며 생기는 궁금증을 즉시 해결하도록 돕고, 미처 생각하지 못한 부분을 학습자 수준에 맞추어 해설함으로써 독서 교육 현장에서 긍정적으로 작용할 수 있음을 강조하면서도, 무작정 쉽게 읽으려만 하지 말고 스스로 충분히 사고

과정을 거친 후에 모르는 부분에 대해서 도움을 받는 것이 좋다고 조언한다.

책을 고르고 선택하는 과정 또한 정교하게 변화하였다. 기존 도서 추천 방식이 인기 순위, 장르별 추천 도서였다면, AI를 통해 개별 독자의 취향 및 독서 습관을 분석하여 최적의 도서를 제공하는 방식이다. 국내 온라인 서점(교보문고, 알라딘, YES24 등)은 독자의 구매 이력과 선호 도서 카테고리를 분석해 맞춤형 도서를 추천하는 시스템을 운영하고 있다. 독자의 성별, 연령, 관심사, 선호 장르, 독서 기록 등을 AI로 분석해 정밀한 추천 도서 목록을 제공하는 플라이북 시스템은 이미 전국 250여 개 도서관에서 활용되고 있다. 이지형(성균관대학교 소프트웨어학과) 교수는 추천 알고리즘이 사용자의 독서 패턴과 관심사를 학습해 가장 관련성이 높은 책이나 정보를 추천한다며 사용자의 데이터를 적절하게 수집해 이용하기 때문에 추천의 정확도가 높다고 설명했다.

도서 추천 시스템과 검색 개선, 편향 위험성

공공 도서관 AI 도서 추천 서비스는 도서 추천 키오스크나 자관 홈페이지상에서 인공지능을 통한 도서 추천 서비스를 제공하는 형태로 이루어진다. AI 도서 추천 서비스는 이용자 연령, 성별, 직업, 관심사, 취미, 심리 상태 등을 입력하면 AI가 빅데이터를 분석해 그에 맞는 도서를 추천해 주는 서비스다(곽우정 · 노영희, 2021). 그러나 이러한 도서관 서비스를 이용하는 결과는 사뭇 다르다. 무인 대출 반납(49%), 도서 검색 및 요약 서비스(25%), 도서 추천 키오스크(11%), 챗봇(6%) 순으로 활용도가 조사되었고, AI 기술이 일부 적용되고 있기는 하지만, 대중화까지는 많은 연구와 인프라 개발, 정책 개발이 뒤따라야 한다(석광희, 2023).

강유정(2024)은 '공공 도서관 AI 도서 추천 서비스의 이용자 수용 연구'에서 공공 도서관 AI 도서 추천 서비스의 이용 및 확산을 위해, 확장된 기술 수용 모형과 혁신 확산 이론의 관점에서 공공 도서관에서 제공하는 AI 도서 추천 서비스를 이용자가 수용하고자 할 때 이용 의도에 영향을 주는 요인들을 분석하였다. 인지된 유용성(혁신성, 자기 효능감, 디지털 리터러시가 그 선행 조건을 이룬다)과 인지된 유용성에 매개된 인지된 용이성이 AI 도서 추천 서비스를 이용하는 데 긍정적인 영향을 주었다고 한다. 그러나 혁신성은 AI 도서 추천 서비스를 이용하는 이용 의도에 오히려 부정적인 영향을 미쳤다고 분석되었는데, 그 이유는 AI 도서 추천 서비스가 이용자에게는 그동안 존재했던 서비스에 비하여 그렇게까지 사용하고 싶은 새롭고 혁신적인 기술은 아니라고 인지되었다는 것이다. 실제 현장에서 살펴본다면, 도서관 안내 로봇이나 AI 도서 추천 서비스가 처음 이용하는 이용자의 흥미를 끌 수는 있으나 지속적인 이용을 하는 경우는 드물다는 점을 들 수 있다. 사서와의 직접 상호작용(대화 또는 문의)을 꺼리는 이들에게는 AI 도서 추천 서비스가 편리할 수도 있겠으나 실제 이용률은 떨어진다. 이 점을 개선하기 위해서는 먼저 서비스 자체의 개선이 필요하다. 터치스크린, 섬네일 클릭 등의 방식에서 실시간 대화나 개인의 취향을 바로바로 학습하고 결과를 제시할 수 있는 AI 학습 능력을 적용한 기술적 혁신이 우선되어야 할 것이다. 다음으로 단순히 도서관의 행사와 서비스를 전달하는 것만으로 끝나는 것이 아닌, 이용자의 니즈를 얼마나 잘 충족시키고 있는가에 대한 지속적인 홍보와 마케팅이 필요하다. 이용자의 독서 경향을 체계적으로 분석하고, 편리함과 유용성을 제공한다는 취지를 부각시켜 새로운 서비스를 제공하고 있다는 점을 강조하는 홍보를 통해 AI 도서 추천 서비스의 편리함을 제시하는 노력이 필요하다. 또한 도서관의 친구들(지역 사회에서 도서관을 지원하고 자원봉사자로 이루어짐, 지역 사회에 더 나은 도서관 서비스를 제공하는 데 뜻을 함께 하는 자발적이며 친(親)도서관적인 이용자들의 모임을 뜻함)을 통해 AI 도서 추천 서비스를 홍보하는 것도 방법일 것이다. 마지막으로 서비스 이용에 대한 개인정보 보호 정책과 해당 서비스 외에 개인정보가 활용되지 않음을 명시해야 한다. 결론적으로 AI 도서 추천 서비스는 이용자의 독서에 대한 흥미를 유발하고, 독서 증진에 기여할 가능성은 충분하지만, 도서관 대출 통계에 의한 인기 도서 위주의 도서 추천, 이용자의 취향에 중점을 둔 편향된 도서 추천 등 편독 성향을 부추길 우려가 있다. 실질적으로 도서관을 이용하는 이용자에게 도움이 되기 위해서는 AI 도서 추천 서비스에만 의존할 것이 아니라, 도서의 편향성을 보완하기 위해 사서가 직접 읽고 추천의 이유와 내용의 발제를 기록한 뒤, 주제별로 균형 있게 선정을 한 사서 추천 도서 서비스를 병행하는 것이 바람직할 것으로 생각한다.

스마트 독서 공간 설계

스마트 독서 공간 설계를 위해서는 첫째, 사용자 경험(UX) 설계가 우선되어야 하고, 둘째, 데이터 및 서비스 아키텍처를 마련해야 한다. 셋째, 피지컬(물리적) 및 디지털 인프라를 구축해야 하며, 넷째, 실제 운영을 위한 윤리 강령 및 거버넌스를 정비해야 한다. 다섯째, 파일럿 서비스를 제공하고, 평가를 받으며, 이 전체 과정을 순환적으로 피드백하며 진행해야 한다. 각 단계마다 사서의 역량 강화와 지역 사회의 협력은 필수적이다.

현황 조사 및 요구 조사(사전 조사)

이용자(일반 성인, 청소년, 어린이, 노인, 장애인 등) 대상의 설문과 심층 인터뷰를 실시하고, 이용 행태(대출, 이용시간 등)에 대한 로그 데이터를 분석함과 동시에, 현장에 필요한 공간과 장비를 체크한다. 일련의 작업을 통해 이용자 요구 우선순위, 페르소나, 이용 시나리오 등을 산출해 낸다.

사용자 경험(UX) 설계: 서비스 여정 지도 작성

이용자의 여정(User Journey)을 작성해 '탐색 → 체험 → 저장 → 공유'로 이어지는 각 과정에 필요한 AI 기능(도서 인식, 한줄 브리핑, 맞춤 추천, QR 저장 등)을 맵핑한다. 인터랙티브 요소인 스마트 책상, 스마트 책장, 태블릿, 프로젝션의 작동과 배치를 설계하는 인터랙션 시나리오를 작성한다. 이 과정을 통해 서비스 여정 맵과 화면 · 인터랙션 프로토타입을 산출하고 서비스 시범 운영을 통해 개선 과정을 거친다.

데이터 및 서비스 아키텍처 설계

필요한 데이터 항목, 예를 들어 도서에 관한 메타 데이터, 익명화된 도서 대출 이력, 이용자 프로필 활용 동의 등을 정의하고 서비스를 구성한다. 즉시 응답이 가능한 챗봇, 콘텐츠를 요약하고, 한 줄로 브리핑할 수 있는 생성형 AI(GEN-AI)를 최신 버전으로 유지하며, 협업과 콘텐츠를 양립시킬 수 있는 자료 추천 엔진을 탑재하고, 프로젝션과 오디오를 연동하는 멀티미디어를 상호 충돌 없이 구성해야 한다. 개인정보 보호와 익명화, 데이터 보존 정책 등에 대한 초기안을 작성하는 것도 이 단계에 속한다. 데이터 사전(데이터베이스 구조를 명확히 하기 위해 각 데이터 항목의 정보들을 기록한 저장소) 및 ERD[Entity-Relationship Diagram, 데이터베이스의 개체(Entity)들과 그 관계를 시각적으로 표현한 도표], 시스템 구성도(API, Application Programming Interface, 서로 다른 소프트웨어 애플리케이션 간에 데이터를 주고받고 기능을 공유할 수 있도록 하는 일련의 규칙과 프로토콜), 개인정보 영향 평가에 대한 초안이 이 단계에서 산출되어야 한다.

물리적, 디지털 인프라 구현

프로젝션과 태그, RFID가 연동된 스마트 테이블과 스마트 책장이 설치되어야 하며, 체험용 태블릿과 앱이 연계되어야 한다. 웹과 키오스크에 챗봇과 AI 사서 인터페이스가 설치되어야 하며, 백엔드(도서 추천 엔진 및 요약 모듈) 클라우드 배포를 통해 확장성과 로깅, 모니터링 체계를 구축해야 한다. 고령층과 장애인, 외국인을 배려하여 접근성 장치를 개선해야 한다. 예를 들어, 음성 합성 시스템, 텍스트 확대, 다국어 서비스 제공 서비스를 제공할 수 있다. 장비 목록과 구매 예산서, 네트워크 보안 사양서, 서비스 배치도 등이 이 단계에서 산출되어야 한다.

개인정보 보호, 법률 및 윤리 거버넌스 정비

개인정보 처리 방침과 서비스별 동의서에 대한 표준안을 마련하고, 최소 데이터 수집 원칙과 수집한 데이터에 대한 익명화 · 암호화 · 접근 통제 정책을 수립해야 한다. AI 출력에 대한 책임성(사람이 직접 검토, AI 산출물 표시)을 규정하여, 생성형 AI가 제공한 정보는 어디까지나 참고용임을 명시해야 한다. 도서관 개인정보 보호 가이드라인(노영희 · 김태경, 2015)에 따른 개별 도서관에 맞는 개인정보 보호 정책 수립이 요구된다.

사서·직원 역량 강화(교육 및 매뉴얼 제작)

사서와 도서관 운영 직원에 대해 시스템 운영 매뉴얼과 프롬프트 설계와 검증에 대한 교육, 개인정보 및 저작권, 윤리관 교육을 실시하여야 한다. 내부 파일럿 운영팀(사서, IT 담당자, 교육 담당자)을 구성하여 교육 커리큘럼과 FAQ를 포함한 매뉴얼, 운영 R&R(Role & Responsibilities, 역할과 책임, 조직 내 각 구성원이 맡게 되는 업무 범위와 그에 대한 책임을 명확하게 규정함, 업무 분담을 명확히 하여 업무 효율성을 높이고, 책임 소재를 분명히 하여 업무 체계성을 향상시키는 데 목적이 있음)를 문서로 명기해야 한다.

파일럿 운영(시범 사업) 및 평가 설계

소규모의 파일럿 테스트를 운영하고 정성 평가(심층 인터뷰), 정량 평가(이용 로그 및 설문 조사)를 병행하여 평가를 진행한다. 추천 알고리즘을 두 버전으로 제작하여 비교 및 평가를 진행한다. 결과에 따라 UX와 알고리즘, 정책 등에 대한 개선안을 도출하여 전관으로 확장할 계획을 수립한다.

외부 협력 및 콘텐츠 확보 전략 구상

출판사와 교육 기술 기업, 지역 사회의 학교와 협약하여 콘텐츠를 제공받고 교육에 협력을 구한다. 공공 도서관 메타데이터를 연계하여 도서 추천과 검색 품질을 개선한다.

유지 보수, 운영비, 확장 계획에 대한 예산안 수립

하드웨어와 소프트웨어에 대한 초기 구축비와 클라우드, 콘텐츠, 인건비 등에 대한 연간 운영비, 보안 및 업데이트를 위한 예비비를 산정한다. 파일럿 프로그램 → 확장 → 지역 네트워크 연계를 위한 장기 로드맵을 수립한다. 이 단계에서 예산 계획서와 비정량적 수치를 포함한 ROI 예측을 제시할 수 있다.

상호작용 및 이용자 교육

이용자를 대상으로 서비스에 대한 데모 화면을 시연하고 오리엔테이션을 실시한다. 소셜 미디어를 연계한 체험 이벤트를 통해 홍보와 브랜딩을 개시한다. AI 제공 정보는 참고용임을 명시한다.

참고문헌

강유정(2024). "공공 도서관 AI 도서 추천 서비스의 이용자 수용연구". 《한국문헌정보학회지》, 58(4), 277~306쪽.

곽우정·노영희(2021). "도서관의 인공지능(AI) 서비스 현황 및 서비스 제공 방안에 관한 연구". 《한국도서관·정보학회지》, 52(1), 155~178쪽.

김경아(2025.9.6). "경기도서관에서 AI 독서 플랫폼 체험하세요 [주간 에듀테크]". IT Chosun. https://it.chosun.com/news/articleView.html?idxno=2023092146955

김동원(2025.3.24). "네이버클라우드-클라비-채움씨앤아이, 도서관에 AI 입힌다". THE AI. https://www.newstheai.com/news/articleView.html?idxno=7488

노영희·김태경(2015). "도서관 개인정보보호 가이드라인 개발에 관한 연구". 《정보관리학회지》, 32(2), 25~61쪽.

리딩플러스. https://www.iapreading.com/program

석광희(2023). "인공지능(AI) 기술을 활용한 도서관 서비스 방안과 사서의 전문성 강화에 관한 연구". 진주교육대학교 석사학위논문.

여희숙 외(2023). 《도서관 친구들 이야기》. 독도도서관친구들.

최병수(2025.2.18). "계명대 시각디자인과, 한국HCI학회서 생성형 AI 기반 디자인 프로젝트 발표". 프라임경제. https://www.newsprime.co.kr/news/article/?no=675058

최성필(2019.8). "어린이·청소년을 위한 독서 인공지능 서비스 개발 및 활용 기반 연구". 국립어린이청소년도서관.

http://www.oak.go.kr/nl-ir/handle/2020.oak/155
플라이북. https://www.flybook.kr/
Anderson, P.(2025.1.14). New Research on Audiobook Circulation in US Libraries. Publishing Perspectives. https://publishingperspectives.com/2025/01/new-research-on-audiobook-circulation-in-us-libraries/
Wikipedia. Friends of Libraries. https://en.wikipedia.org/wiki/Friends_of_Libraries

03
공공 도서관 독서 교육 현황과 과제

현재 공공 도서관의 독서 교육은 프로그램의 참여율과 지속성 차원에서 한계를 보인다. AI 기술이 보조적 수단으로 활용되기 시작했지만, 사서들은 개인정보 보호와 알고리즘의 불투명성 등 새로운 문제에 직면했다. 도서관의 AI 도입은 효율화를 넘어선, 공공성과 신뢰의 재구성이어야 한다. 기술은 사람을 대체하는 것이 아니라 더 나은 관계를 위한 구조적 지원 수단이어야 한다.

인공지능과 편향?

공공 도서관은 지역 사회 독서 교육의 중심이다. 그러나 현재 운영되는 독서 교육 프로그램은 참여율과 지속성 저하, 이용자 맞춤형 커리큘럼 부족 등의 문제를 드러내고 있다. AI가 이러한 한계를 보완할 수 있을까? 이는 기술만으로 해결할 수 없는 문제를 내포한다. 이 장에서는 국내 독서 교육의 현 상태를 점검하고, AI의 도입 가능성과 윤리적 과제 및 운영상의 과제를 탐색한다.

전통적 독서 교육 프로그램 현황

공공 도서관은 다양한 독서 교육 프로그램을 운영해 왔고 현재도 진행하고 있다. 어린이 독서 교실, 독서 토론 동아리, 북 콘서트, 작가 강연, 북 스타트 사업 등이 그 대표적인 사례다. 이 프로그램은 예약 참여 중심이며, 참여자 수는 제한적이다. 일부 프로그램은 신청자 대비 참석률이 낮고 장기적인 유지에 어려움을 겪는다. 참여자의 연령과 독서 수준, 흥미를 맞춤형으로 반영하기는 아무래도 힘이 든다. 결국 일괄적인 커리큘럼이 짜일 수밖에 없다. 프로그램의 효과를 평가하는 설문조사가 이루어지기는 하나, 이를 통해 측정되는 지표는 부족한 경우가 많고 후속 프로그램 연결이 약한 경우도 드물지 않다. 프로그램을 기획하고 운영하는 데는 늘 인력과 예산이 부족하다. 자질이 우수한 강사는 늘 구하기 힘들다. AI 기술의 도입이 이러한 공공 도서관의 구조적 취약성을 보완할 수 있을 것인가.

국내 AI 도입 가능성에 대한 연구와 근거

강유정(2024)은 '공공 도서관 AI 도서 추천 서비스의 이용자 수용 연구'에서 이용자들이 AI 도서 추천을 얼마나 수용할지 심층적으로 연구했다. 결과적으로 인지된 수용성은 이용 의도에 직접적으로 유의미한 영향을 주었고, 인지된 용이성은 유용성과의 매개를 통해 이용 의도에 영향을 미쳤다. 적합성과 AI 인식, 사회적 영향 등의 요인이 유의미하게 작용했으며, 개인정보 제공 의사도 직접적으로 영향을 미쳤다. 이용자들은 결국 '이 도서 추천이 나에게 적합한가?'를 따지고, 개인정보 제공에 대한 신뢰성을 중요하게 여긴다는 결론에 이른다.

국립중앙도서관 보고서인 '인공지능(AI) 기술을 활용한 사서 업무 지원 도구 개발에 관한 연구'에서는 사서의 반복 업무인 자료 정리, 사서 추천 도서 작성, 장서 점검 등에 AI를 적용할 수 있는지에 대한 가능성을 탐구하였다. 실제 도서관에 적용 가능한 모듈 설계가 포함되어 있으므로 참고할 만하다. 해당 보고서에서는 AI가 도서관 내부 업무를 보조할 수 있다는 현실적인 가능성을 보여줌과 동시에, 인간의 판단이 필요한 윤리, 맥락 판단 등은 자동화의 대상이 될 수 없음을 분명히 하고 있다.

곽우정과 노영희(2021)의 '도서관의 인공지능 서비스 현황 및 서비스 제공 방안에 관한 연구'는 국내외 도서관의 AI 서비스 도입 동향을 정리하고 있으며, 도서 추천 시스템, 자동 장서 점검, 참고 정보 응답 시스템 등의 사례를 분석했다. 도서관이 이미 AI를 기반으로 일부 서비스를 운영하고 있음을 지적하며, 향후 교육과 독서 서비스 영역으로의 확장을 권고한다.

실제로 여수 이순신 도서관에서는 장서 점검 로봇을 도입하여 수 만권의 도서를 6시간 안에 점검하였다. 생성형 AI를 활용하여 도서관 행사와 프로그램 홍보 포스터를 제작하는 것은 이제 보편적이고 일반적인 업무 범주에 들어왔다. 이러한 AI 활용은 이미 현실이 되었다.

AI 보조 독서 교육의 기대 효과

AI가 독서 교육을 보조할 때 기대할 수 있는 긍정적인 효과는 다음과 같다. 첫째, AI는 학습자의 독서 이력과 선호도, 이해 수준 등을 분석하여 적절한 도서를 추천하고 학습 경로를 맞춤형으로 제시할 수 있다. 이를 통해 참여자 한 명, 한 명에게 '나만의 독서 교육 및 지도'가 가능해진다. 둘째, 행정적인 반복 업무(퀴즈 내기, 평가, 질의응답 답변)를 AI가 보조하여 자동으로 처리하면 사서의 역량이 핵심 업무에 집중될 수 있다. 셋째, AI 시스템은 24시간 가동이 가능하며, 시공간의 제약이 없는 학습 기회를 제공할 수 있다. 또한 동일한 프로그램을 여러 지역에서 확장하여 적용할 수 있다.

AI 보조 독서 교육 도입에 따른 난제

AI가 독서 교육을 보조하는 것이 단순히 기술의 선택과 도입만으로 이루어지는 것은 아니다.

AI 모델은 정확한 메타데이터, 표준화된 분류 체계, 일관된 태깅 자료 등 양질의 데이터를 전제로 한다. 도서관 장서 정보가 부정확하거나 누락된 경우, AI 추천의 질이 떨어질 우려가 있다. AI 도서 추천 서비스를 위해서는 이용자의 독서 기록, 관심사, 경향, 대출 로그 등 민감한 정보로 분류될 수 있는 데이터를 수집해야 한다. 하지만 일부 이용자는 이러한 개인정보 활용에 대해 지극히 민감한 반응을 보인다. 개인정보 활용 동의 절차나 개인 정보에 관한 익명화 수준이 낮은 경우, 이용자는 도서관의 시스템 자체를 불신할 수 있다. 강유정(2024)의 연구에서도 개인정보 제공 의사는 AI 서비스 이용 의도에 유의미한 영향을 미치는 요인으로 확인되었다.

AI 도서 추천은 대출 인기 중심이나 과거 대출 이력 중심의 편향성을 강화할 수 있다. 이로 인해 덜 알려진 도서나 새로운 주제가 소외되는 필터 버블 현상(인터넷 알고리즘이 사용자의 과거 행동-클릭, 검색 기록 등-을 기반으로 사용자가 좋아할 만한 정보만 선별하여 제공함으로써, 이용자가 자신의 선호에 맞는 정보에만 고립되고 다른 관점의 정보는 접하지 못하게 되는 현상. 정보 편식, 확증 편향 강화, 사고 획일화 등을 유발하여 객관적인 정보 습득과 다양한 사고를 저해하고 반대 의견에 대한 노출을 막아 민주주의 발전을 저해할 수 있음)이 나타날 수 있다. 도서관 이용의 측면에서 이는 문화적 다양성과 독서의 자율성을 침해하는 결과로 나타날 수 있다.

AI가 추천한 내용은 오류의 가능성을 항상 내포하고 있다. 따라서 이용자에게 "AI의 추천은 참고용이며, 최종 판단의 책임은 사람에게 있음"을 강조하는 고지와 함께 추천의 근거를 제공하는 설명 가능성(XAI) 체계[설명 가능한 인공지능(Explainable Artificial Intelligence), 복잡한 AI 모델이 왜 그런 결과를 도출했는지 인간이 이해할 수 있도록 설명하는 기술과 방법론의 의미. 투명성과 신뢰도 향상, 문제 해결, 의사 결정 지원, 인간과 AI의 협업을 가능하게 하는 AI의 블랙박스 역할. 대표적인 예로 설명용 모델－회귀 분석, 기호주의 AI, 규칙 기반 시스템, 결정 트리－과 사후설명 기법－예측 결과에 대해 설명을 생성하는 기법, LIME(Local Interpretable Model-agnostic Explanations), SHAP(SHapley Additive exPlanations), 어텐션 메커니즘 시각화, Anthropic의 Sparse auto-encoder를 통한 Superposition 분석－이 있다]가 필요하다. 또한 도서관은 내부적인 윤리 검토 절차와 책임 소재 규정을 마련해야 한다.

사서나 운영 조직이 AI를 이해하지 못할 경우, AI 도입은 실패로 끝날 확률이 높다. 변화에 저항하는 사서와 조직이 AI를 도입하더라도 이를 제대로 활용하지 못한다면, 비용과 예산만 낭비될 가능성이 있다. 송현경과 심효정(2024)의 연구에서 사서들은 조직 구조와 직무에 미칠 변화에 대해 우려하면서도 AI 도입에 대한 기대감을 보였다. 실제로 공공 도서관에 근무하는 사서들은 AI의 발전 속도에 놀라워하고, 따라가기에 버거워하면서도, 업무에 활용하고자 개인적인 공부와 연구에 매진하고 있다는 연구 결과가 있다는 점에서 희망적인 일면을 볼 수 있다.

AI 보조 독서 교육 현실화를 위한 제안

AI 보조 독서 교육을 현실화하기 위해서 다음과 같은 전략을 제안한다. 소규모 그룹을 대상으로 AI 보조 프로그램을 시범적으로 운영(파일럿 프로그램)하고, 평과 결과를 바탕으로 점진적으로 대상을 확장한다. 이 방식은 실패 가능성을 낮추고, 학습을 촉진할 수 있는 점진적 방식이다. 이용자와 사서를 함께 워크숍에 참여시켜 참여자 중심의 요구 사항을 반영한다. 이 과정에서 AI의 기능 중 우선순위－도서 추천, 자동 질의응답, 도서 내용 요약 등－를 정한다. 도서 추천에 대한 간단한 설명을 제공하는 시스템을 마련한다. 여기에 더하여 오류 가능성과 참고용 안내 문구를 명기한다. 정량적 지표(추천 클릭률, 재참여율, 만족도 조사 등)와 정성적 지표(이용자 심층 인터뷰)를 함께 실시하여 AI 보조 프로그램을 평가하고 조사 주기를 설정, 반복하여 개선점을 찾는다. 사서와 IT 담당자 대상의 AI 교육 프로그램을 개발하고 내부 전담팀을 구성한다. 이 과정에서 사서가 AI의 단순 사용자가 아닌, 설계 및 감독자로의 역할을 맡는다. 지역 학교와 출판사, 테크 기업, 지자체와의 협력을 통해 콘텐츠를 확보하고 보완한다. AI의 추천 품질을 향상시키기 위해 도서관 간의 메타데이터 공유나 도서관 연합 추천 시스템 구축을 논의할 수도 있다.

결론적으로, 공공 도서관은 독서 교육을 실시하는 공적 교육 기관임을 명심해야 한다. AI는 도서관의 역량을 넓히고 깊이 있게 만드는 도구이지만, 단순히 기술 도입만으로 완성되는 시스템이 아니다. 독서 교육의 기본을 이해하고, 인간 중심 설계와 윤리적 책임성을 기반으로 사서와 이용자가 설계 단계부터 참여하여 중심이 된 AI 도입이 이루어질 때야 비로소 지속 가능한 AI 독서 교육 도입이 가능할 것이다.

참고문헌

강유정(2024). "공공 도서관 AI 도서 추천 서비스의 이용자 수용연구". 《한국문헌정보학회지》, 58(4), 277~306쪽.

곽우정·노영희(2021). "도서관의 인공지능(AI) 서비스 현황 및 서비스 제공 방안에 관한 연구". 《한국도서관·정보학회지》, 52(1), 155~178쪽.

김종윤(2025). "인공지능 시대의 독서 개념 변화와 독서교육의 방향". 《독서연구》, 75, 95~133쪽.

송현경·심효정(2024). "인공지능 활용에 대한 공공 도서관 사서들의 인식 연구". 《인문사회과학연구》, 32(4), 509~544쪽.

송현경(2025). "도서관의 인공지능(AI) 독서 큐레이션". 《내일N》. https://nzine.kpipa.or.kr/sub/coverstory.php?idx=923&ptype=view

04
AI 기반 독서 추천과 맞춤형 서비스

AI 기반 도서 추천 서비스는 독서 교육의 효율성을 높일 수 있으나, 알고리즘의 신뢰성과 공정성이 관건이다. 이용자는 도서 추천의 이유를 알고 싶어 하며 이는 알고리즘의 설명 가능성 문제와 직결된다. 도서관은 대출 및 메타데이터를 활용하되 개인정보 보호와 투명한 데이터 거버넌스 유지를 병행해야 한다.

청각장애인과 AI?

독서 추천의 철학과 기술적 전환

맞춤형 서비스는 이용자에게 적절한 책을 빠르게 연결하는 유용한 도구다. 공공 도서관에서는 개인화에 대한 효율성에 더하여, 공공성과 투명성, 이용자의 선택권 보장이 요구된다. AI 기반 독서 추천 시스템을 도입할 때도 도서관은 누구를 위하여, 무엇을 위하여 책을 추천하는지 명확히 해야 한다.

공공 도서관의 핵심 기능은 독서를 돕는 일이다. AI 시대의 맞춤형 독서 추천 시스템은 이 기능을 이어가면서 동시에 새로운 방식으로 재편해 나간다. 도서관은 더 이상 단순히 책을 보유하고 대출하는 기관이 아니라, 이용자의 사유와 지적 탐구를 지원하는 지식 탐색의 동반자로 진화하고 있다. 기존의 도서 추천은 사서의 경험적 판단이나 대출 순위 위주로 이루어졌다. AI 기반 도서 추천 서비스를 도입하면, 여기에 더하여 데이터 기반의 개인화가 가능해진다. 이용자의 연령, 관심사, 이전 대출 기록, 주요 독서 시간대까지 분석하여 새로운 독서 제안을 할 수 있다. 이는 단순한 편의성의 향상이 아닌 독서 행위 패러다임의 전환을 의미한다. 국립중앙도서관(2025)은 AI 추천을 도입한 공공 도서관의 서비스 사례를 분석하며, 사서의 직관과 AI의 통계적 판단이 결합될 때 이용자 만족도가 30% 이상 향상되었다고 보고했다. 곽우정과 노영희(2021)의 연구 또한 AI가 이용자 데이터를 학습하여 책을 제안할 때, 이용자에게 정보 선택의 피로감을 줄이고, 탐색의 확장성을 높인다라고 평가했다.

알고리즘의 구조와 작동 원리

AI 기반의 도서 추천 시스템은 세 가지 유형으로 구분된다. 첫째 협업 필터링(Collaborative Filtering): 유사한 독서 취향을 가진 다른 이용자의 선택을 기반으로 한 도서 추천. 둘째, 콘텐츠 기반 추천(Content based Filtering): 이용자가 이미 읽은 도서의 주제어, 키워드, 감성적 특징을 분석해 유사한 도서를 제안. 셋째, 하이브리드 모델(Hybrid Model): 두 방식을 통합하여 편향성을 줄이고, 이용자의 잠재적 관심사를 발굴.

예를 들어, SF 소설을 즐겨 읽는 이용자가 최근 AI 윤리 관련 도서를 대출했다면, 하이브리드 모델은 단순히 SF 장르를 확장하여 추천하는 대신, 과학기술의 사회적 책임이나 AI 기술의 인간 중심 철학 등에 대해 주제적 연계성을 확장하여 탐색을 시도한다. 이는 기존 장르 중심의 추천보다 이용자의 사유에서 확장성을 유도하는 독서 지도적 효과를 가진다.

최신 시스템은 감정 분석(Sentiment Analysis, 디지털 텍스트에서 감정적 톤을 식별하고 긍정, 부정, 중립적인지 판별하는 자연어 처리 및 머신 러닝 기술)과 자연어 처리[NLP(Natural Language Processing), 텍스트 분석 · 번역 · 음성 인식 · 챗봇 및 대화형 AI에 응용될 수 있으며, 자연어 이해와 자연어 생성으로 이루어져 있음]를 접목해 이용자의 서평, 검색 문장, 질의 내역 등을 분석하여 심리적 공감 기반 도서 추천 서비스를 제공한다. 이는 단순한 데이터 기반 기술을 넘어선 독서 행위의 정서적 측면도 포착하려는 시도다. 또한 최근의 연구에는 MBTI 분석과 애니어그램 분석을 통한 도서 추천 목록 작성까지도 포함하는 개인화 연구도 이루어지고 있다.

도서관 적용 사례

대만국립공공정보도서관은 2024년 8월 말 대규모 언어 모델 GPT-4o와 임베딩 모델 기술을 결합한 AI 도서 추천 서비스를 출시했다. 이 서비스는 도서관 소장 자료의 서지 특성과 이용자의 독서 취향을 분석한 다음 맞춤형 추천 도서 목록을 제공하는 혁신적 서비스로 주목받았다. 미국의 피어스 카운티 도서관, 오마하 공공 도서관, 덴버 공공 도서관 등 많은 도서관이 커뮤니티 웹 솔루션을 사용하여 지역의 인구 통계 데이터를 분석하고 있다. 이를 통해 지역 주민의 관심사 및 이용 요구를 파악하고, 적합한 서비스를 제공하고 있다.

코로나19 바이러스의 확산으로 인하여 많은 공공 도서관은 비대면 서비스를 강화했다. 해당 시기에 광주광역시립무등도서관은 인공지능 비대면 도서 추천 서비스를 도입하여 키오스크를 설치해 운영했다. 이용자가 도서관 1층 로비에 설치된 키오스크에 연령대, 성별, 직업, 관심사, 심리 상태 등을 입력하면 인공지능(AI)이 빅데이터를 분석해 이에 맞는 도서를 추천해 준다. 추천 도서의 간략한 내용, 평점, 대출 가능 여부 등 정보와 함께 추천 도서를 쉽게 찾을 수 있는 도서관내 위치 정보도 제공한다.

양주시 도서관은 2022년 감성 인식 도서 추천 서비스를 전국 최초로 도입했다. 인공지능(AI)과 빅데이터 기술을 활용한 감정 인식 도서 추천 서비스를 관내 공공 도서관에 도입하고 2022년 6월부터 서비스를 시행했다. 이외에도 순천시 신대도서관, 용인시 기흥도서관 등 다양한 공공 도서관에서 AI 키오스크와 추천 도서를 도입하여 이용자에게 서비스를 제공하고 있다.

국립중앙도서관은 과거 AI 기반 요약 및 검색 서비스

의 일환으로 '책에서 답을 찾는 인공지능 검색'과 '인공지능 요약 서비스'를 제공하였다. 이제는 일반적인 인공지능 서비스로 제공되고 있지만, 당시에는 국립중앙도서관의 저작권이 만료된 디지털화된 자료와 자체 발간 자료 등에서 답을 제시하고 요약 서비스를 제공한 혁신적인 서비스였다. 현재 국립중앙도서관은 급변하는 인공지능 시대에서 도서관의 미래를 탐색하고자 《라이브러리+》를 발간하고 생성형 AI와 도서관의 기술적 접점을 찾고, 지식 큐레이터로서의 역할을 하기 위해 AI 관련 최신 용어에 대한 명확한 해설을 제시했다.

국회도서관은 정기적 발간물인 《DATA+》를 통해서 인공지능의 현재 트렌드와 미래의 기술을 제시했다. 인공지능뿐만 아니라, 에너지 사업, 양자 기술, 로봇, 모빌리티, 보안, 바이오산업, 통신, 우주 기술 등 다양한 기술들은 AI와 뗄 수 없는 관계를 맺고 발전하고 있다는 사실을 확인할 수 있다.

독서 교육과 AI 도서 추천의 접점

현대의 독서 교육은 다독만을 장려하지 않는다. 비판적 사고, 정보 활용 능력, 공감 능력, 자기주도성의 함양을 지향한다. 이를 위해 독자의 배경 지식 · 동기 · 읽기 수준을 고려하는 개인화 설계가 요구된다. AI 도서 추천은 독서 이력, 주제 선호, 텍스트 난이도 등을 통합하여 독서 수준을 계단형으로 구성할 수 있게 함으로써, 사서의 북 큐레이션을 보완할 수 있다.

AI 도서 추천은 네 가지 이점을 가진다. 첫째, 탐색 비용의 감소다. 광범위한 장서 중에서 적합한 도서 목록을 신속히 도출함으로써 선택에 관한 피로도를 줄여준다. 둘째, 맞춤형 스캐폴딩(Scaffolding, 원뜻은 건설 시 임시로 설치하는 철골 구조물인 '비계', 교육학적 의미에서는 학습자가 스스로 문제를 해결할 수 있도록 돕는 일시적인 인지적 지원이나 발판을 뜻함)의 제공이다. 현재 수준보다 약간 더 어려운 텍스트를 제시하여 독서에 대한 자극을 준다. 셋째, 비주류 콘텐츠 발굴이다. 주제와의 연계성을 분석하여 숨은 저자와 장르에 관한 독자의 접근을 촉진한다. 넷째, 독서 동기의 유지 및 강화다. 시의적절한 제안은 독서 지속성에 긍정적 영향을 미친다.

독서 효과를 극대화하기 위해 다음 원칙을 제안한다.

· 난이도 계단화: Starter-Bridge-Mastery 3단 모델을 기본으로 하되, 독자 반응에 따른 반복 독서와 도약을 허용한다.

· 주제군 연계: 교과 · 프로젝트 기반 독서와 테마 추

천을 구성한다.

· 메타인지 촉진: 추천과 함께 독서 목표 및 권장 읽기 전략을 제시한다.

· 다양성 보장: 저자 · 국가 · 장르 · 관점의 다양성 지표를 운영 목표로 설정한다.

성과 평가는 단기 · 중기 · 장기 지표로 구분한다. 단기적으로는 대출 전환율, 체류 시간, 재방문율을 점검한다. 중장기적으로 난이도 상승 추세, 주제 확장 지수, 독서 기록의 질적 변화를 평가하고, 독서 성취도와의 상관뿐 아니라 읽기 역량의 자기 보고 변화를 추적한다. 설문을 통해 측정한 정량적 지표는 사서의 관찰과 인터뷰 등 정성적 자료와 결합될 때 해석 타당성이 높아진다. 그러나 개인화에 과도하게 최적화될 경우, 일부 도서에 대한 선호가 고착화되거나 특정 주제에 관한 독서 편식을 유발할 수 있다. AI가 부여하는 표준 독서 지표가 문화적 함의나 수사적 난해함을 충분히 포착하지 못할 수도 있다. 처음 도서를 추천할 때는 독자에 관한 데이터가 부족하기 때문에 도서 추천이 인기 대출 도서나 유명 저자 도서로 편중될 가능성이 있다. 이에 대한 보완으로 사서 큐레이션이나 동 연령대 추천 도서 서평을 제시하는 등 하이브리드 추천 전략이 유용할 수 있다.

신뢰성, 공정성, 설명 가능성

신뢰성은 재현성, 강건성, 검증 가능성으로 구성된다. 같은 상황에서는 같은 결과가 나오고, 데이터가 흔들리는 상황에서도 버틸 수 있으며, 외부에서도 성능을 확인할 수 있도록 운용하고 점검해야 한다. 예를 들어, 동일한 이용자 프로필, 장서, 설정을 입력했을 때, 비슷한 추천 결과가 나오는 것이 바람직하다. 왜냐하면 변수가 같으면 기본적으로 같은 결과가 나와야 시스템의 신뢰성이 보장되기 때문이다. 이를 점검하기 위해, 고정된 테스트 이용자 정보 세트와 이에 따른 추천 장서 결과 목록을 만들어 두고, 결괏값이 변화하지 않는지 주기적으로 점검해야 한다. 무작위 요소가 있다면, 난수 시드 고정값으로 테스트를 시도해 결괏값을 비교할 수 있다.

데이터 입력값에 노이즈가 있을 경우, 예를 들어 오·탈자나 일시적 도서 인기 급등 요소(세계적 권위의 문학상 수상 등)가 있을 경우, 메타데이터가 누락 등 데이터가 불완전한 경우, 방학이나 행사 기간 등 시기적 변화에도 도서 추천의 품질이 급락하지 않도록 해야 한다. 이런 노이즈나 변화에 의해 대출 패턴이 급변할 경우 AI 추천이 과민 반응한다면 인기작이나 특정 주제 편중이 심해질 수 있기 때문이다. 일부 메타데이터를 의도적으로 비워 두거나(주제 태그를 10% 정도 삭제함), 갑작스러운 대출 급증 시나리오를 AI 추천 시스템에 주입하여 스트레스 테스트를 시도해 볼 수 있다. 학기 중, 방학 중, 도서관 행사 기간 등의 데이터를 따로 나누어 AI 추천의 정확도와 다양성을 나타내는 지표가 유지되는지 확인하는 것도 가능하다.

보여줄 수 있는 증거를 위한 검증 가능성 유지를 위해, 과거 기간의 대출 로그를 고정해 두고, AI 추천 모델이 당시 이용자의 선택을 얼마나 잘 맞추었는지 정확도, 다양성, 신규 저자 노출도 등을 반복하여 측정한다. 실제 서비스에서 소수 집단에게 새 모델을 적용하고, 기존 모델 대비 대출 전환율, 설명 조회율, 불만 건수 등을 비교하여 측정한다. 분기별로 평과 결과와 모델 변경 내역을 요약하여 보고하도록 한다.

모델이나 추천 규칙을 업데이트할 때마다, 핵심 지표가 예전보다 나빠지지 않았는지 자동으로 점검해야 한다. 소프트웨어 품질 관리의 '회귀 테스트'를 적용하여, 정확도는 올랐는데 다양성이 떨어진 경우나, 대출 전환율은 좋아졌는데 도서 설명 이해도는 떨어진 경우 같은 부작용을 초기에 파악하기 위해서다. 지표로 제시할 수 있는 것은 다음과 같다.

· 성능: 대출 전환율, 추천 클릭률.

· 공정성/다양성: 신규 저자 노출, 주제 다양성, 인기 상위 도서 편중도.

· 설명 품질: 설명 조회도, 설명 이해도 설문 점수, 설명 요청에 대한 처리 시간.

· 프라이버시 및 운영: 로그 이상 징후, 접근 위반 시도 차단.

· 업데이트 전후를 동일한 이용자 데이터 샘플로 비교 테스트하여, 기준값 이하로 악화시 이전 버전으로 자동 롤백.

공정성은 이용자 · 콘텐츠 · 운영 차원에서 정의된다. 이용자 차원에서는 연령 · 언어 수준 · 장애 · 문화적 배경에 따른 접근성 · 설명 이해도의 격차를 최소화해야 한다. 콘텐츠 차원에서는 인기 편향을 줄이고, 신진 저자 · 지역 출판물의 노출을 기본으로 하는 것을 목표로 설정한다. 운영 차원에서는 상업적 이해관계가 개입하는 것을 확실히 막고 AI 도서 추천 규칙을 투명하게 명문화하여 공시해야 한다.

추천에서의 편향은 데이터 분포와 노출-피드백 루프에서 발생한다. 이에 대한 보완 전략은 다음과 같다.

· 인기 보정: 인기 가중치 감쇠, 최근성 · 다양성 · 교

육 목표 적합도 강화.

· 다양성 제약: 추천 리스트 내 주제 · 저자 · 출판사 · 지역 다양성 하한 설정.

· 탐색/활용 균형: 전체 추천의 20~30%를 탐색 슬롯으로 예약.

· 신호 확장: 대출 로그 외에 사서 태그, 교육과정 매핑, 고품질 서평 등 다원적 신호 통합

설명가능성은 이용자 신뢰의 전제다. 구현 원칙은 다음과 같다.

· 간결 · 구체성: 2~3개의 자연어 근거로 핵심 제시.

· 다층 구조: 즉시 설명(카드 단위), 상세 설명(추천 기록 · 사용 데이터 유형), 시스템 설명(작동 개요 · 데이터 출처) 구분.

· 통제권 부여: 추천 근거 신호의 노출을 이용자가 설정하도록 설계.

· 교육적 부가가치: 설명과 함께 읽기 전략과 학습 목표를 제공하여 메타인지와 정보 리터러시 강화.

신뢰성과 공정성, 설명 가능성에 대한 평가와 감사 체계도 필요하다. 사서와 이용자, 독서 교육 전문가, IT담당자 등으로 구성된 외부 자문단이 분기별 또는 연도별로 리포트를 심의하고 개선 권고를 제시하는 구조가 바

람직하다. 이는 기술적 옵션이 아닌 공공서비스를 위한 규범적 제안이다.

도서관 데이터 거버넌스: 개인정보, 메타데이터, 투명성

도서관 데이터는 대출 · 예약 · 검색 이력, 선호 태그, 연령대 등 개인 데이터와 서지, 주제 분류, 난이도 지표, 사서 태그, 서평, 프로그램 통계 등 비개인 데이터로 구분된다. 거버넌스의 출발점은 민감도 분류와 최소 수집 원칙이다. 목적 적합성에 기반하여 수집 항목을 한정하고, 보관 기간을 사전 정의하며, 익명화 원칙을 천명한다. 개인 식별이 불필요한 분석에는 가능한 한 집계 데이터만 사용한다. 개인정보 보호는 기본값이어야 한다. 이용자는 추천 기능에 대해 명확한 선택권(사전 동의권/사후 거부권)을 보유하고, 열람 · 정정 · 삭제 권리를 손쉽게 행사할 수 있어야 한다. 기술적 보호 조치로는 접근 권한 최소화, 전송 · 저장 암호화, 차등 개인정보 기반 통계 분석, 처리 로그 감사가 요구된다. 아동 · 청소년의 경우 설명 수준을 연령에 맞게 조정하고, 민감 주제에 대한 노출 정책을 명문화한다. 도서 추천 품질은 메타데이터의 정확성과 일관성에 의해 좌우된다. 정제된 주제어 체계와 사서 태그 기준을 마련하고 매핑 표준을 구축한다. 지역 출판 데이터, 문학상 수상작, 자관 외 타 도서관과의 큐레이션 연계를 통해 문화적 다양성과 지역성을 강화한다. 이러한 표준화는 알고리즘 성능뿐 아니라 설명 가능성을 함께 향상시킨다. 투명성은 신뢰의 전제다. 알고리즘 개요, 데이터 출처, 공정성 목표, 평가 지표, 업데이트 주기를 정리한 공개 문서를 도서관 홈페이지에 게시한다. 상업적 이해관계 관리 원칙(유료 광고 배제, 협찬 도서 노출 기준)을 명문화하고, 분기별 운영 리포트를 공개한다. 이해 충돌 가능성이 있는 사안은 직원회의 시 사전 보고하고 회의록을 공유한다.

결론적으로, AI 기반 도서 추천은 독서 교육의 개인화 · 동기 · 연결성을 강화한다. 그러나 그 성과는 설계의 결과이며, 신뢰성 · 공정성 · 설명 가능성 · 개인정보 보호라는 규범적 요건을 충족할 때 비로소 공공적 정당성을 확보한다. 이에 대한 실천적 권고는 다음과 같다.

· 설명 가능성 기본 제시: 모든 도서 추천에 설명을 제공하고 상세 근거를 열람 가능하게 함.

· 편향 완화: 인기 도서 대출률에 대한 보정과 다양성 제약을 결합하고 탐색 슬롯을 상시 운영.

· 개인정보 보호 중심 거버넌스: 개인정보 최소 수집,

익명화, 개인정보 보호 과정의 투명한 공개, 외부 감사를 제도화.

· 하이브리드 운영: 사서의 전문성과 알고리즘을 결합하여 메타데이터 품질 · 윤리 기준을 상시 관리.

요컨대 효율성은 목적이 아니라 수단이며, 도서관의 목적은 이용자 개인의 성장과 평생학습의 촉진이다. 위 요건을 충족하는 AI 추천만이 그러한 목적에 도움이 될 것이다.

참고문헌

곽우정·노영희(2021). "도서관의 인공지능(AI) 서비스 현황 및 서비스 제공 방안에 관한 연구". 《한국도서관·정보학회지》, 52(1), 155~178쪽.

광주광역시(2022). "키오스크로 '인공지능 비대면' 도서 추천 받아요". https://www.gwangju.go.kr/boardView.do?pageId=www789&boardId=BD_0000000027&seq=11846

국립중앙도서관(2025). 《라이브러리 플러스》, 1(1). https://nl.go.kr/NL/contents/N50708010000.do

국회도서관(2025.9.29). "AI 시대, 미래를 설계할 기술". 《데이터플러스》, 19. https://nsp.nanet.go.kr/trend/infographic/detail.do?infographicControlNo=INFO0000002313

김장수(2022.5.27). "양주시 도서관, 전국 공공 도서관 최초 감성인식 도서추천 서비스 도입". 일요신문.

https://www.ilyo.co.kr/?ac=article_view&entry_id=429356
김주호(2025.7.5). "국립중앙도서관, AI 기반 검색서비스로 KDC 분류체계 혁신 선도". 한국정보기술신문.
최성필(2019.8). "어린이·청소년을 위한 독서 인공지능 서비스 개발 및 활용 기반 연구". 국립어린이청소년도서관. http://www.oak.go.kr/nl-ir/handle/2020.oak/155

05
대화형 AI와 독서 토론의 확장

대화형 AI는 토론 주제 생성과 질문의 확장, 요약 제공 등에서 새로운 가능성을 보여 준다. 그러나 챗봇의 일부 부적절한 발언 사례는 윤리적 필터링과 사람의 개입이 여전히 필요함을 상기시킨다. 결국 AI는 조력자이지 심판자가 아니라는 점을 기억해야 한다.

AI 콘텐츠 크리에이터?

대화형 인공지능은 토론 주제의 신속한 생성, 질문의 계단식 확장, 논점 구조화, 토론 요약 제공 등에서 기존 도구가 제공하지 못한 생산성과 확장 가능성을 보여 준다. 대화형 인공지능이 발전하면 토론에서 이야기할 주제를 빨리 정할 수 있고, 여러 가지 관점을 찾아보고 비교하는 데 드는 시간과 노력을 줄일 수 있다. 그러나 챗봇의 부적절한 발언 사례는 여전히 존재하며, 이는 윤리적 필터링과 사람의 개입이 시스템 설계와 운영 전 과정에서 필요함을 일깨운다. 핵심 명제는 분명하다. AI는 조력자이지 심판자가 아니다. 즉, AI는 논증의 질을 높이는 수단이 될 수 있으나 최종 판단과 책임은 인간이 해야 한다. 이러한 명제를 토대로 대화형 AI의 가능성과 한계를 체계적으로 정리하고 윤리적 · 거버넌스적 관점에서 실천 가능한 운영 원칙을 제안한다.

대화형 AI의 기능적 기여

대화형 AI는 광범위한 지식 범주를 기반으로 특정 맥락(연령, 주제, 시사성)에 적합한 토론 주제를 신속히 산출한다. 이는 토론 주제를 빠르게 정할 수 있고, 여러 가지 관점을 찾아보고 비교하는 시간과 노력을 줄여주며, 다양한 난이도와 관점의 주제군을 단계적으로 제시할 수 있게 한다. 예를 들어 동일 주제를 가치론 · 정책 · 사실 판단의 세 층위로 변형하여, 토론자 수준에 맞도록 수준을 나누어 제시하는 것이 가능하다. 이러한 구조화는 토론 준비 과정에서 편중을 줄이고, 사전 지식의 격차로 인한 참여 불평등을 완화한다.

질문은 사고를 확장하는 핵심 도구다. 대화형 AI는 사실 확인형, 해석형, 평가형, 메타인지형 질문으로 질문 수준을 편성할 수 있다. 특히 "왜/어떻게"형 질문과 반례 탐색형 질문을 균형 있게 배치함으로써, 토론자가 결론에 도달하기 전 다양한 가설을 검증하게 한다. 질문의 계열화는 토론에서 논증의 깊이와 폭을 동시에 확보하는 수단이며, 진행자의 부담을 줄여 토론자 중심 참여를 촉진한다.

대화형 AI의 요약 기능은 방대한 자료에서 핵심 근거와 반대 논지를 추출하여 인지적 부하를 현저히 낮출 수 있다. 단순 축약이 아니라 주장-근거-반론-재반론 구조로 재구성할 경우, 토론자는 논점을 신속히 파악하고, 근거가 취약한 지점을 알 수 있다. 나아가 개념 간의 관계 지도를 제시하면 배경 지식이 적은 참여자도 맥락과 토론의 흐름을 잃지 않고 논의에 참여할 수 있다.

AI는 동일 사안을 여러 문화권의 사례, 서로 다른 학문적 관점(경제학, 윤리학, 법학, 심리학 등)에서 바라보는 질문으로 제공할 수 있다. 이는 토론의 관점에서 다양성을 키우며, 정답 찾기만을 향해 나아가는 토론의 단순화를 방지한다. 그러나 관점의 수적 다양화가 곧 질적 다양성을 의미하지는 않으므로, 상호 모순되며 가치의 충돌을 드러내는 질문을 의도적으로 포함하는 것이 추천할 만하다.

AI가 생성하는 주제와 질문은 맥락을 오인하거나, 편향된 전제를 품고 있거나, 표면적 균형만을 지키는 등의 위험을 내포한다. 요약 과정에서는 소수의 관점이 제거될 수 있으며, 최신성 또는 출처 신뢰성 검증이 수반되지 않을 경우 할루시네이션(사실에 기반하지 않은, 그럴듯한 허위 정보를 만들어 내는 현상)의 위험이 발생한다. 따라서 기능적 기여는 인간 검증의 체계와 결합될 때 비로소 공적 토론의 질을 향상시킨다. 대화형 AI는 토론의 준비 · 진행 · 정리 전 단계에서 인지적 보조를 제공한다. 그러나 이러한 기여는 인간 진행자의 설계와 점검을 통해 제도화되어야 한다.

부적절한 발언 사례의 시사점

대화형 AI(챗봇)가 저지르는 부적절한 발언은 대략 네 가지 범주로 분류된다. 사실 오류와 허위 단정, 차별·혐오·고정관념 강화, 유해 행위 조장 또는 안전 위험, 부적합한 맥락 제시(연령 부적합, 문화적 민감성 결여)다. 이 범주화는 필터링 규칙과 대응 프로토콜을 설계하는 기준점이 된다.

윤리 필터링은 입력, 생성, 출력 후 심사(Post-Moderation system)의 세 층으로 구성하는 것이 바람직하다. 입력 단계에서는 위험 신호(예: 특정 집단에 대한 폭력 조장)를 감지하여 질문을 재구성하도록 권고하거나 경고를 제공한다. 생성 단계에서는 규범 위반 표현을 확률적으로 억제하고 안전 우회 시도를 탐지한다. 출력 후 단계에서는 표본 모니터링과 이용자 신고를 결합하여 지속적 개선을 수행한다. 세 층의 상호 보완은 단일 필터로 인한 부적절한 결론 제시의 위험을 줄인다.

실제 인간의 개입은 고위험 맥락에서 의무화되어야 한다. 교육·청소년, 의료·법률, 민감한 갈등이 우려되는 사안 등에서는 검수자 또는 진행자의 사전 승인 체계(Pre-Moderation system)를 운영한다. 운영 차원에서 승인 워크플로(work flow, 검토 기준·기한), 예외 처리(긴급 중단, 임시 차단), 책임 소재(기록·감사)를 명문화해야 한다. 특히 토론 수업에서는 진행자가 AI가 제시한 질문 · 요약을 수업 목표와 참여자 특성에 맞게 조정하는 절차를 표준화할 필요가 있다.

챗봇이 부적절한 발언을 한다는 것에 대한 판단은 맥락 의존적이다. 동일한 표현도 연령과 지역, 역사적 경험에 따라 수용 가능성이 달라진다. 따라서 필터링 규칙은 문화 · 연령 · 현장 규범을 반영해 지역화 · 개별화할 필요가 있다. 예를 들어, 청소년 대상 토론에서는 트리거 경고(트라우마를 자극할 수 있는 소재를 내포함을 알리는 일종의 경고 표시) 또는 콘텐츠 경고, 대체 표현 제안, 피난처 정보(상담 · 지원) 링크 제공 등 필수적인 지원 장치를 동반해야 한다.

윤리 필터링의 기준과 절차, 필터링 우회 시도 탐지 정책, 신고 처리 흐름을 투명하게 공개하고, 분기별로 보고하여 조치 내역과 재발 방지 계획을 공유해야 한다. 투명성은 신뢰를 형성하며, 책임성은 개선에 대한 의무를 부여한다. 부적절한 발언의 위험은 기술만으로는 제거되기 힘들다. 다층적인 필터링과 실제 인간의 개입, 그리고 투명한 운영이 결합되어야 실제적인 위험도를 낮출 수 있다.

AI는 조력자이지 심판자가 아니다

AI를 조력자로 정의한다는 것은 AI가 제시하는 정보와 구조가 인간의 깊은 사고를 돕는 보조 장치여야 하고, 판단 · 평가 · 제재의 권한은 인간에게 속해야 하며, 결과에 대한 책임과 설명해야 할 의무 또한 인간이 부담한다는 것을 의미한다. 이는 도구와 책임을 분리시킨다는 의미가 아니라 도구와 책임을 결합시키는 원칙이다. 즉, AI 도구의 사용이 인간의 책임 범위를 줄이지 않는다는 의미다. 조력자 모델을 토론 운영에 내재화하기 위해 다음 절차를 제안한다.

· 기획 단계: 토론 목표와 평가 기준을 인간 진행자가 우선 정의하고, AI는 주제 · 질문 · 자료 패키지를 초안으로 제공한다.

· 검수 단계: 진행자가 민감도 · 난이도 · 편향 여부를 점검하고 필요 시 대체 질문 · 반대 논지 균형을 보정한다.

· 진행 단계: AI는 시간 관리, 발언 요지 기록, 근거 링크 정리 등을 수행하되, 발언 기회 배분과 규칙 집행은 진행자가 맡는다.

· 사후 단계: AI 요약을 초안으로 활용하되, 최종 기록과 평가 코멘트는 진행자가 확정한다.

조력자 모델에서 인간이 내리는 판단의 질을 담보하

기 위한 기준은 근거 중심성(출처 확인, 상충되는 근거를 함께 제시), 공정한 절차(동일한 규칙을 일관되게 적용함), 설명 가능성(결정 이유의 명료한 제시)이다. 진행자에 대한 충분한 교육과 표준 운영 지침(SOP, Standard operating procedure)을 통해 위의 기준을 제도화하는 것은 필요충분조건이다.

자해 · 자살, 증오 발언, 불법 행위 유도 등 고위험 주제에는 '즉시 중단-안전 가이드 제시-전문 기관 안내'의 3단계 대응을 포함한다. 논쟁이 과열될 경우, AI는 중립적 요약과 휴식 및 토론 중단 권고를 제공하고, 최종 중단 판단은 진행자가 내린다. 기록은 모두 보관하여 사후 검토와 개선에 활용한다.

운영 평가 지표는 참여자 만족도, 관점의 다양성, 발언 편중도, 시간 준수율, 부적절 발언 탐지율, 신고 처리 시간 등을 포함한다. 주기적인 피드백을 통해 질문 템플릿(토론 목적을 위해 미리 정해진 형식이나 틀), 필터 규칙, 진행자 교육안을 업데이트한다. 이렇게 할 때 조력자 모델은 형식이 아니라 실제 성과로 현장에 자리 잡는다. 결국 조력자 모델은 철학적 선언이 아닌 절차 및 지표로 운영될 때 실효성을 획득한다.

수업 적용 사례(청소년 대상 사회과학 주제 토론)

주제는 “표현의 자유와 혐오 표현 규제”로 설정한다. AI는 개념 정의 카드, 찬반 논거 5개씩, 반례 질문 3개, 참고 판례 요약을 초안으로 제공한다. 진행자는 표현의 강도를 조정하고, 민감군 학생을 고려해 트리거 경고를 삽입한다. 수업 중 AI는 발언 요점 기록 · 시간 체크를 담당하고, 진행자는 발언 기회 배분과 규칙 집행을 담당한다. 수업 후 AI 요약을 바탕으로 진행자가 피드백을 확정한다.

커뮤니티 포럼 사례(지역 개발에 관한 논쟁)

AI는 이해관계자 지도(주민 · 소상공인 · 환경 단체 · 지자체), 비용-편익 항목, 장기 · 단기 영향 시나리오를 생성한다. 진행자는 패널 구성원의 균형을 설계하고, 질문을 단계별로 배치한다. 부적절한 발언이 발생할 때는 예비 경고-발언 중단-재참여 조건 설명의 절차를 적용한다. 결과 보고서는 AI 초안-진행자(인간) 검토-공개 의견 수렴의 순서로 완성한다.

학술 토론 동아리 사례(고급 주제)

AI는 원문 발췌 · 주요 학술 근거 · 반대 학파 논지를 함께 정리한 브리핑을 제공한다. 진행자는 출처의 신뢰도를 검증하고 인용의 적절성을 확인한다. AI는 참여자 사이의 주장을 예측하고 반박 포인트를 제안하는 작업을 수행하되, 최종 전략을 선택하는 것은 참여자가 결정하도록 한다.

설계 적용 가이드

- 입력 설계: 주제를 정의할 때 주제 범위를 명확히 하고 금지 · 주의 키워드를 지정.
- 출력 형식: 주장-근거-반론-재반론 구조, 출처 표기, 난이도 태그를 표준화.
- 필터 기준: 차별 · 혐오 · 폭력 조장 금지, 연령별 민감도 조정, 안전 우회 탐지 규칙을 명문화.
- 책임 배분: AI는 생성 · 정리 · 보조, 인간은 판단 · 평가 · 제재를 담당.
- 기록과 공개: 토론 로그, 수정 이력, 신고 처리 결과를 보관하고 요약을 공개.

위에 언급한 사례는 조력자 모델의 절차적 구현을 구체화한다. 여기에서 핵심은 'AI가 표준을 먼저 정하고 인간이 예외를 관리하는' 운영 철학이다.

기술-윤리 통합을 위한 거버넌스 체계

정책은 문서화하여 운영하는 것을 원칙으로 한다. 금지·주의 항목, 신고·해명 절차, 데이터 권리 처리 기준, 모델 변경 관리 계획 등을 문서화한다. 문서는 정기 검토와 버전 관리를 통해 최신성을 유지한다.

운영 책임자, 윤리 검토자, 기술 관리자, 교육 담당자의 역할을 구분한다. 고위험 이슈는 다자 검토를 거쳐 의사 결정을 내리고, 회의록을 보관한다. 분기별 성과 보고서는 지표 변화, 사고·민원 처리, 모델 업데이트 영향, 개선 계획을 포함한다. 이를 통해 정보와 과정을 투명하게 보여줄수록 외부에서는 더 신뢰하게 되고, 조직 내에서는 무엇이 잘 되고 무엇을 고쳐야 하는지 명확해지기 때문에 학습과 개선이 쉬워진다. 진행자와 검수자에 대한 교육은 편향성 인식 훈련, 필터 규칙 적용, 고위험 대응, 출처 검증과 인용 규범 등을 포함한다. 정기적인 모의 상황 훈련을 통해 사건 대응력을 유지한다. 신고 및 피드백 채널을 상시 운영하고, 반복적인 이슈는 AI 챗봇 내부 규칙 개정과 대화 모델 보정으로 연결한다. 신규 기능 도입 전에 영향 평가를 실시하여, 다양성·안전·

책무성 지표의 변화를 예측하고 보완한다. 기술과 윤리를 통합하는 거버넌스는 문서-역할-지표-교육-개선의 순환 모델로 작동할 때 효과적인 체계가 된다.

대화형 AI는 토론 주제 생성, 질문 확장, 요약 제공에서 명백한 가능성을 제시한다. 그러나 부적절한 발언의 위협은 현실이며, 윤리 필터링과 인간 개입은 선택이 아니라 필수다. 위에서 우리는 "AI는 조력자이지 심판자가 아니다"라는 규범을 절차와 지표로 구체화하였다. 실천적 권고는 다음과 같다.

토론 운영의 전 단계에 인간 검수 절차를 내재화할 것, 입력-생성-출력 후 심사로 구성된 다층 필터를 운용할 것, 책임과 권한의 최종 귀속을 인간에게 명확히 할 것, 투명성과 보고 체계를 통해 신뢰를 제도화할 것이다. 이러한 원칙이 현장에 정착될 때, 대화형 AI는 토론의 질을 높이는 생산적 조력자로 기능하며, 공적 담론의 책임성과 안전을 동시에 확보할 수 있을 것이다.

참고문헌

Amershi, S. et al.(2019). Guidelines for human-AI interaction. *Proceedings of the 2019 CHI Conference on Human Factors in Computing Systems*, pp.1~13.
https://www.microsoft.com/en-us/research/publication/g

uidelines-for-human-ai-interaction/
Bai, Y. et al.(2022). Constitutional AI: Harmlessness from AI feedback. arXiv preprint arXiv:2212.08073. https://arxiv.org/abs/2212.08073
Meta. Community Standards Enforcement Report. https://transparency.meta.com/reports/community-standards-enforcement/
OpenAI. "모든 단계에서의 안전". https://openai.com/ko-KR/safety/
Reedi, A. J. et al.(2025). Optimizing for Persuasion Improves LLM Generalization: Evidence from Quality-Diversity Evolution of Debate Strategies. arXiv preprint arXiv:2510.05909. https://arxiv.org/abs/2510.05909
UK Department for Education(2023). Generative AI in education: Guidance. https://www.gov.uk/government/publications/generative-artificial-intelligence-in-education/
Yao, S. et al.(2023). Tree of Thoughts: Deliberate problem solving with large language models. arXiv preprint arXiv:2305.10601. https://arxiv.org/abs/2305.10601

06
디지털 리터러시와 AI 활용 교육

AI 시대의 독서 교육은 스스로 정보를 탐색하고, 평가하고, 생성하며, 윤리적으로 활용할 수 있는 능력을 키워주어야 한다. 공공 도서관은 디지털 리터러시와 AI 활용 교육을 통합적으로 구현할 교육 플랫폼을 제공할 수 있다.

AI와 민주주의?

디지털 전환이 가속화되고 인공지능이 일상의 전반으로 스며든 오늘날, 교육의 초점은 단순히 기기 조작의 숙련도를 높이는 데서 벗어나 정보의 탐색 · 평가 · 생성 · 윤리적 활용으로 맞춰진다. 디지털 리터러시와 AI 리터러시는 상호 보완적인 관계이며, 공공 도서관은 이 둘을 통합적으로 구현하는 최적의 교육 플랫폼이 될 수 있다. 공공 도서관은 장서 · 공간 · 전문 인력을 기반으로 지역의 평생학습 생태계를 조성하며, 사서는 이용자 교육의 설계자이자 진행자로서 핵심적 역할을 수행하여야 할 것이다. 이 장에서 디지털 리터러시와 AI 활용 교육의 개념과 가치, 국내 운영 현황, 공공 도서관 기반의 교육 모델과 커리큘럼, 운영 인프라, 평가 체계, 과제와 정책 제언을 제시한다.

디지털 리터러시의 개념과 가치, 국내 현황

디지털 리터러시는 단순히 디지털 도구를 사용하는 능력을 넘어 정보의 탐색 · 판단 · 활용 · 윤리의 전 과정을 포함하는 복합적 역량이다. 여기에는 정보 출처의 신뢰성을 평가하는 능력, 사실 관계에 관한 검증 능력, 논증의 구조를 분석하는 능력, 단편적인 정보를 종합하여 정보 사이의 맥락을 만드는 능력, 저작권과 개인정보, 공정성 등에 관한 윤리적 감수성이 포함된다. 도서관 분야에서는 오래전부터 이용자 리터러시 교육이 사서의 임무 중 하나로 제시되었으며, 변화하는 외부 환경에 맞추어 디지털 및 AI 리터러시에 대한 교육자 역할이 사서에게 요구된다.

디지털 리터러시는 세 가지의 교육적 가치를 지닌다. 먼저 허위 정보와 편향적인 설명을 구별하고 사실과 근거를 바탕으로 공적 토론에 참여하는 능력을 통해 민주적인 시민으로서의 역량을 강화한다. 둘째, 다양한 학문적 주제와 지식 · 정보 매체 사이에서 학습자의 이해력과 적응력을 키우고, 문제를 직면했을 때 포기하거나 두려워하지 않고 해결하고자 도전할 수 있는 능력을 키워준다. 셋째, 세대 간 디지털 격차를 줄이고 지역 학습 공동체 형성을 촉진한다.

그렇다면 도서관에서는 이러한 리터러시를 어떻게 교육할 수 있을 것인가. 먼저 현안성을 고려하여 지역의 이슈와 생활 정보 중심의 과제를 설계할 수 있다. 이를테면 지역에 노인이 많은 경우, 가짜뉴스에 속지 않는 방법, 온라인 피싱 예방법, 올바른 건강 정보 찾기, AI 기본 사용법 교육 등으로 교육 주제와 과제를 설정할 수 있다. 교육 대상의 수준을 고려하여 초급자반-중급자반-심화

반의 난이도 조정은 필수다. 직접 만나 함께 책을 읽고 내용에 대한 깊이 있는 토론을 나누는 오프라인 모임과 함께 온라인으로 도서와 관련한 정보를 찾고, 토론 내용을 바탕으로 글이나 영상 등을 자체적으로 제작하는 방식의 결과물을 낼 수도 있다. 온라인 정보를 사용할 때는 자료의 출처를 명확히 밝히고, 수많은 정보 중에서 참여자가 왜 해당 정보를 선택했는지, 어떤 기준으로 정보가 좋다고 판단했는지 기준을 명시해야 하며, 글을 쓰거나 자료를 제작할 때 인공지능의 도움을 받았다면 어느 부분에 어떻게 활용했는지 정확히 알려줘야 한다는 점에 대해 사전 교육도 필요하다. 이를 통해 정보의 신뢰성을 높이고, 오해를 줄이고, 투명한 소통이 가능하다는 점을 명확히 해야 한다. 결론적으로 디지털 리터러시는 현대 이용자 교육의 핵심 목표이며, 공공 도서관은 그 실천의 거점이 되어야 한다.

디지털 리터러시에 관한 국내 도서관의 교육 현황을 알아보자. 도서관은 고령자 대상 프로그램으로 스마트폰 및 스마트 기기(태블릿 PC, 키오스크) 활용, 컴퓨터 활용, 소셜 미디어 활용, 사진·영상 촬영 및 편집, 디지털 금융 교육 등의 디지털 리터러시 관련 교육 프로그램을 운영했다. 김수완과 이성숙(2022)의 연구에 따르면 사서들은 대체로 공공 도서관의 고령자 대상 디지털 리터러시 프로그램 운영 필요성에 대해 인식하고 있고, 이에 대한 예산 증액 필요성, 사서에 대한 교육 시간 증가 필요성에도 공감하고 있다. 그러나 표준화된 커리큘럼 부족과 강사별 역량 차이, 지속적인 운영 재원 부족은 여전히 해결이 필요한 과제로 지적된다.

일부 도서관은 청소년 대상 프로그램도 운영했다. 청소년 대상의 프로그램을 진행할 때 가장 어려운 점은 모집 자체가 힘들다는 것이다. 중·고등학생의 경우 주중 야간 뿐 아니라 주말까지 수업별 선행 학습과 보충 학습을 위한 학원 수업에 매여 있는 경우가 많아 도서관을 방문할 시간이 없다. 이를 극복하기 위하여 도서관 자체 모집에 더하여 지역 내 학교와의 연계를 통한 참여자 모집을 권한다. 프로그램 내용에서는 독서 토론과 팩트 체크, 콘텐츠 제작을 결합한 프로젝트형 수업이 효과적이다.

AI 리터러시의 필요성 및 특성

생성형 AI는 발상의 확장과 정보의 요약 및 정리에 도움을 주어 생산성을 높이는 편리한 도구다. 그러나 환각(Hallucination, AI 모델이 정확하지 않거나 사실이 아닌 정보를 생성하는 현상), 편향, 맥락 오판의 위험성을 항상 내포하고 있다. AI 리터러시는 단순히 AI를 다루는 능력만이 아닌, 검증과 비판적 감별 능력을 키우는 방향으로 나아가야 한다.

AI 리터러시는 몇 가지 중요한 구성 요소를 가지고 있다. 첫째, 확률적 언어 생성의 작동 방식과 학습 데이터의 한계, 프롬프트 의존성 등 AI의 원리를 이해하는 것이다. 둘째, 출력된 결괏값의 사실 여부를 확인하기 위해 다양한 정보 획득 출처를 교차 검증 및 확인(cross check)하고, 근거를 추적하며, 반복적인 오류 패턴을 인지하고 AI 도구에 검색과 생성에 대한 한곗값을 지정하고 수정을 요구하는 것이다. 셋째, 윤리 및 거버넌스 기준을 지켜 활용하는 것이다. 저작권, 개인정보 보호, 공정성, 투명성, 책임성을 바탕으로 AI를 활용해야 한다는 의미다. 넷째, 실행 능력으로 프롬프트를 설계하고, 결과물을 비교하고 결과 데이터를 정제하며, 인용 및 출처를 밝히는 관리하는 것이다. 특히 사서는 이러한 AI 리터러시에 대한 능력이 더 높은 수준으로 요구된다. 이용자를 교육하는 데 기본적인 지식이 됨과 동시에, 서비스의 신뢰성 및 품질을 높이기 위해서도 제시된 능력들이 더욱 요구된다. 국립중앙도서관을 포함한 도서관 지원 기관에서는 사서들에게 온라인 및 집합(오프라인) 교육, 특별 세미나

(웨비나 포함)를 통해 디지털 · AI 리터러시 교육을 실시하고 있고, 자발적으로 이용자의 AI 리터러시 개선 및 학습을 위해 교육에 참여하는 사서의 비율도 늘어나고 있다. 그러나 현실적으로는 사서 중 절반 이상이 디지털 관련 교육을 받지 않고 있다(김수완 · 이성숙, 2022). 사서들은 체계적인 프로그램 제공을 위해서 디지털 분야의 전문 교육이 필요하다는 점에 동의하며 효과적인 교육을 위해서 국립중앙도서관 교육 확대, 관련 기관 세미나, 교육 공모 사업 참여 등의 방법 등을 제시했다.

AI 리터러시는 기존의 디지털 리터러시보다 확장된 개념으로, AI에 대한 비판적 감별 능력, 윤리적 활용 능력을 겸비하여 이용자 교육 및 평생학습 능력 향상에 도움을 줄 수 있는 능력이 될 것이다. 이용자 및 사서 대상 AI 리터러시 교육 프로그램 운영 사례의 양적 측면 증가는 고무적이나 표준 커리큘럼과 평가 체계 미비, 강사 인력풀 부족은 고질적 약점으로 지적된다.

공공 도서관 기반 교육 모델

도서관은 다음의 원칙을 바탕으로 교육 모델을 설계할 수 있다.

첫째, 학습자 중심 설계: 지역 수요 조사와 대상별 필요 분석 기반 콘텐츠 선정.

둘째, 난이도 조정: 입문 → 활용 → 응용 단계 제공, 진입 장벽 경감, 성장 경로 제시.

셋째, 실습+피드백 중심: 각 회기를 '이론-실습-토의-피드백-반성 기록'으로 구성 → 행동 변화 유도.

넷째, 혼합형 운영(하이브리드 학습 또는 블렌디드 러닝): 직접 만나는 수업과 온라인 학습관리시스템(LMS, Learning Management System, 온라인으로 강의를 듣거나, 과제를 제출하거나, 시험을 보는 등 학습을 관리하는 시스템) · 리소스 포털(학습에 필요한 자료－문서, 영상, 참고 자료 등－를 모아놓은 온라인 공간)을 결합하여 학습 효과 높임.

다섯째, 학습 공동체: 동아리 · 멘토링 · 성과 공유 회를 통해 지속적 참여 촉진.

구조적으로는 중앙관이 표준 모듈과 자료 키트를 개발하고, 분관이 지역 특화 주제와 일정으로 확장 운영하는 허브-스포크 모델(중앙 집중형 네트워크 구조, 바퀴의 중심축인 허브와 바퀴의 살인 스포크의 형태로 본관-분관 업무 분업화)이 적합하다. 학교 · 대학 · 지자체 · 시민 단체의 공동 기획으로 공개 강좌 및 시민 제안형 프로젝트를 병행함으로써, 참여의 폭과 심도를 동시에 확보할 수 있다.

교육 모델의 커리큘럼 구성을 위해 모듈형 학습 설계가 가능하다. 예시는 아래와 같다.

모듈 A: 디지털 문해력 개념 및 정보 탐색. 검색 양식 설계 및 출처 신뢰 신호 이해가 목표, 출처 비교표, 검색 로그 노트 산출.

모듈 B: 데이터 이해 및 처리 기초. 표 · 그래프 읽기, 표본과 스케일, 상관과 인과 구분 학습, 데이터 해설 카드, 오해 가능성 경고문 작성.

- 상관관계(Correlation): 두 변수가 통계적으로 함께 변화하는 관계, 즉 한 변수가 증가할 때 다른 변수도 증가하거나 감소하는 경향을 보일 때 성립.

* 아이스크림 판매의 증가 → 해변의 상어 출몰 증가 : 두 변수는 기온 상승이라는 다른 변수 때문에 함께 발생할 뿐 원인과 결과 관계가 아님.

- 인과관계(Causation): 한 변수의 변화가 다른 변수의 변화를 직 · 간접적으로 초래하는 원인과 결과의 관계. 흡연 → 폐암 발병률 상승: 직접적인 영향.

- 상관관계가 인과관계가 되기 위해서는 다음 세 가지 핵심 조건이 충족되어야 함.

① 공변성(Covariation): 원인과 결과 사이에 통계적 상관관

계가 존재해야 함(함께 움직이는 경향).

② 시간적 선후 관계(Time Order): 원인이 결과보다 시간적으로 반드시 먼저 발생해야 함.

③ 비허위성 (Non-Spuriousness): 원인과 결과의 관계가 제3의 변수(혼란 변수/교란 변수)에 의해 거짓으로 형성된 것이 아님을 입증해야 함.

모듈 C: AI 개념 및 활용 실습. 프롬프트 설계, 과제별 보조 활용 학습, 프롬프트-결과-근거 링크를 기록한 작업 일지 산출.

모듈 D: 생성형 AI 실습 및 오류 감별. 환각 · 편향 탐지, 교차 검증 루틴 실습, 오류 사례 기록, 개선 프롬프트 설계안 작성.

모듈 E: 윤리적이고 책임 있는 활용법. 저작권 · 개인정보 · 공정성 · 투명성 고지 학습, 윤리 체크리스트 및 이용 동의 · 고지 템플릿 완성.

학습 설계는 각 회기를 90~120분으로 구성하여, 도입 강의(개념 · 사례) 20%, 실습 50%, 토의 · 피드백 20%, 반성적 기록 10%의 비중을 권장한다. 성취 수준은 초 · 중 · 상으로 나누어 루브릭(참여자의 수행 능력을 평가하기 위한 채점 기준표)을 제시하고, 예시 답안을 함께 제공해 자기 평가와 동료 평가를 가능하게 한다. 청소년 대상 수업은 토론 · 팩트체크 프로젝트와 미디어 제작을 결합하고, 성인 대상 수업은 생활 행정 · 건강 정보 · 경력 개발과 연계하며, 사서 대상 연수는 수업 설계와 안전 · 윤리 · 거버넌스를 포함한다.

참고문헌

개인정보보호위원회(2025.8). "생성형 인공지능(AI) 개발·활용을 위한 개인정보 처리 안내서". https://www.pipc.go.kr/np/cop/bbs/selectBoardArticle.do?bbsId=BS074&mCode=C020010000&nttId=11410

김수완·이성숙(2022). "공공 도서관 노인 디지털 리터러시 프로그램 현황 및 개선방안 연구". 《정보관리학회지》, 39(4), 49~74쪽.

김한성 외(2024). "2024년 학생 디지털 리터러시 수준 측정 및 발전방안 연구". 한국교육학술정보원. https://keris.or.kr/main/ad/pblcte/selectPblcteRRInfo.do?mi=1138&pblcteSeq=13834

이현숙(2024). "공공 도서관 청소년 디지털 리터러시 프로그램 개선방안 연구". 이화여자대학교 석사학위논문. https://dspace.ewha.ac.kr/handle/2015.oak/269020

NIA 한국지능정보사회진흥원(2023.12). "생성형 AI 윤리 가이드북". https://www.nia.or.kr/site/nia_kor/ex/bbs/View.do?cbIdx=39485&bcIdx=26195&parentSeq=26195

07
독서 교육 현장에서의 AI 실습 모델

공공 도서관 독서 교육 현장에서 활용 가능한 AI 실습 모델을 설계하고, 구체적인 운영 방안과 평가 체계를 제시한다.

AI와 애니메이션?

디지털 기술과 생성형 인공지능의 확산은 독서 교육의 목적과 방법을 근본적으로 재구성할 것이다. 독서가 단순히 텍스트를 이해하는 활동에서 그치지 않고, 정보를 비판적으로 검토하고 재생산하며 공적 문제 해결에 기여하는 과정으로 확장되고 있다. 공공 도서관은 지역 사회 접근성, 장서 · 공간 · 사서 전문성 등 고유 자산을 바탕으로 디지털 문해력과 AI 활용 역량을 통합적으로 교육할 수 있는 최적의 플랫폼이다. 학습자의 독해력 확장, 비판적 사고력 강화, 생성형 AI의 책임 있는 활용 능력 배양, 그리고 지역 사회 학습 생태계의 확장을 목표로 하여, 공공 도서관 독서 교육 현장에서 실습 가능한 AI 모델을 설계하고, 현장 운영을 위한 구체적 절차와 평가 체계를 제시한다.

이론적 배경과 설계 원칙

AI 실습 모델 설계는 몇 가지 교육적 · 윤리적 원칙을 전제로 한다. 첫째, 학습자 중심성이다. 연령과 사전 지식에 따라 난이도와 활동 유형을 조정해야 한다. 둘째, 하이브리드 학습(이론 + 실습 + 토의 + 반성)의 형태로 경험 기반 학습을 촉진해야 한다. 셋째, 투명성과 검증성을 보장해야 한다. AI의 출력은 '초안'으로 표기하고 근거 확인 절차를 의무화한다. 넷째, 다양성과 포용성이다. 모든 학습자가 접근 가능하도록 설명과 도구를 다각화하며, 고령층 · 다문화 이용자 · 장애 이용자에 대한 보완 장치를 마련한다. 다섯째, 데이터 최소 수집 원칙과 이용자 통제권 보장이다. 실습 로그는 교육 목적 범위에 한해 수집 · 보관하며, 이용자는 자신의 데이터 처리에 대해 열람 · 정정 · 삭제를 요청할 수 있어야 한다. 이러한 원칙을 바탕으로 다음 네 가지 실습 모델을 제안한다.

AI 실습 모델 개관

제안하는 실습 모델은 목적과 난이도에 따라 네 가지로 구분된다. 각 모델은 대상 집단, 권장 회기 수와 시간, 핵심 활동, 산출물, 평가 지표를 포함한다.

보조형 실습: 정보 탐색 및 독서 확장(입문 수준)

목표는 AI를 정보 탐색의 보조 도구로 안전하게 활용하는 방법을 습득하고, 출처 평가 능력을 기르는 것이다. 대상은 초등 고학년부터 성인 입문자까지 적용된다. 권장 구성은 3회기(회당 90분)다.

첫 회기는 AI 도구 소개와 안전과 윤리 고지, 간단한 검색 실습으로 구성된다. 학습자는 도서 주제(예: 기후 변화, 지역 역사)를 선정하고 AI에게 관련 도서 목록과 핵심 키워드를 요청한다. 이후 사서가 제공하는 전통적 검색 결과와 AI 결과를 비교하여 출처 비교표를 작성한다. 두 번째 회기에서는 AI가 생성한 요약과 원문을 비교해 환각(사실 오류) 유무와 누락된 맥락을 찾아내는 활동을 수행한다. 세 번째 회기에서는 AI를 활용해 자기주도 독서 가이드(질문 목록, 활동 제안)를 제작하여 동료에게 배포한다.

산출물은 출처 비교표, 검색 로그 노트, AI-보조 독서 가이드이며, 평가는 출처 확인 정확성(30%), 오류 식별 능력(30%), 가이드 완성도(40%)로 산정한다.

창작형 실습 생성형 AI와 창의적 글쓰기(중급 수준)

목표는 생성형 AI를 창작 도구로 활용하되, 프롬프트 설계와 결과 편집 능력을 통해 창작의 책임성과 윤리를 체득하는 것이다. 대상은 중학생 고학년부터 성인으로 문해력 향상을 목적으로 하는 그룹이다. 권장 구성은 4회기(회당 120분)다.

첫 회기는 생성형 AI의 작동 원리와 저작권·표절 문제를 강의하고, 간단한 프롬프트 실습을 통해 결과의 특성을 이해한다. 두 번째 회기는 AI가 작성한 초안을 편집

하는 워크숍을 운영한다. 세 번째 회기는 소그룹 협업으로 주제 기획 · 프롬프트 설계 · 편집 · 사실 확인 역할을 분담하여 완성 원고를 제작한다. 네 번째 회기는 완성 작품을 도서관 블로그나 소식지에 공개하고 피드백을 수집한다.

산출물은 프롬프트-결과-편집 기록(작업 일지), 최종 창작물, 출처 표기 문서이며, 평가는 프롬프트 적합성(20%), 편집 완성도(30%), 윤리 · 저작권 준수(30%), 창작성(20%)으로 구성한다.

검증형 실습: 팩트체크와 근거 검증(심화 수준)

목표는 독서 및 기사 기반 주장에 대한 근거 검증 능력을 배양하는 것이다. 대상은 고등학생, 성인, 사서 연수 대상자이며 권장 구성은 4~5회기(회당 120분)다.

첫 회기는 팩트체크의 원칙(주장-근거-출처 매핑)과 도구(데이터베이스, 공공 데이터, AI 보조)를 소개한다. 두 번째 회기는 사례 기반 실습으로 가짜뉴스 · 오류 사례를 분석하고 AI가 제공한 근거의 신뢰도를 교차 확인한다. 세 번째 회기는 소그룹이 실제 사례를 선정해 심층 검증을 수행한다. 네 번째 회기는 검증 결과를 보고서 형식으로 정리해 공개하고 피드백을 받는다. 추가 회기는 결과를 재검증하거나 정책 제안 작업을 포함할 수 있다.

산출물은 검증 보고서(증거 맵 · 교차 검증 로그)이며 평가는 근거 맵 완전성(40%), 검증 절차의 재현성(30%), 보고서의 공적 가치(30%)로 한다.

융합 프로젝트: 지역 주제 기반 독서·AI 연구(장기·심화)

목표는 지역 사회 문제를 독서 · 데이터 · AI 도구를 통합해 연구하여 정책 제안으로 연결하는 것이다. 대상은 고등학생 이상 혼합팀(시민 · 학생 · 사서)이며 권장 기간은 8~12주다.

초기 단계에서 주제 선정(예: 지역 환경, 교통, 복지)을 통해 관련 도서와 공공 데이터를 수집한다. 중간 단계에서는 AI를 이용한 대량 텍스트 요약, 주제 모델링, 데이터 시각화를 수행한다. 이후 현장 조사와 인터뷰를 통해 맥락을 보강하고, 최종적으로 정책 브리핑과 지역 발표회를 통해 결과를 공유한다.

산출물은 정책 브리핑 자료, 데이터 대시보드, 지역 추천 독서 목록이며 평가는 공공성 · 실행성(40%), 방법론의 투명성 · 재현성(30%), 소통력(30%)으로 한다.

구체적 수업 운영 방안

각 모델의 회차별 활동은 다음 지침을 따른다. 회기 길이는 초급 90분, 중급 · 심화 120분을 권장한다. 시간 배분은 도입(개념 · 안전 고지) 15~20%, 실습 45~55%, 토의 · 피드백 20~25%, 반성적 기록 5~10%로 설정한다. 초기 도입 시에는 반드시 AI 사용 고지문을 제공하고, 참여자의 동의를 얻어야 한다. 모든 실습에서는 AI가 생성한 내용은 'AI 초안'으로 표기하고 출처를 명시하도록 지도한다. 창작형 실습 모델 4회기 사례로 세부 절차를 예시로 들어보자.

회기1(120**분**): 개념 강의(30분)-생성형 AI의 원리와 윤리 개관(20분)-사서가 예시 프롬프트 시연 및 실습(50분)-개인별 프롬프트 작성 · 실행 및 정리(20분)-작업 일지 작성(프롬프트 · 결과 · 판단).

회기2(120**분**): 초안 편집 워크숍(40분)-편집 지침 제시 및 실습(60분)-개인 또는 소그룹 편집 및 토의 · 피드백(20분).

회기3(120**분**): 협업 창작(90분)-역할 분담(프롬프트 설계자 · 검증자 · 편집자) 및 중간 피드백(30분).

회기4(120**분**): 발표 · 공개 · 피드백(70분)-도서관 블로그 또는 지역 미디어 연계 및 평가(30분)-루브릭(채점 기준표)

기반 동료 및 강사 평가 및 정리(20분)-반성적 에세이 제출.

수업 자료와 활동지는 표준 템플릿으로 제작한다. 예컨대 프롬프트 기록지(목적 · 맥락 · 제약 · 예시 · 검증 항목), 출처 비교표(출처 · 저자 · 발행연도 · 신뢰 지표 · 비고), 오류 탐지표(주장 · AI 근거 · 교차 출처 · 결론) 등을 제공한다. 모든 산출물은 학습 포트폴리오로 모아 데이터베이스화하여 추후 학습 이력과 성과 자료로 활용한다.

평가 체계와 루브릭(채점 기준표)

평가는 형성 평가와 총괄 평가의 혼합으로 설계한다. 형성 평가는 회기별 피드백, 자기 · 동료 평가, 작업 일지 점검으로 이루어진다. 총괄 평가는 모듈 종료 시 산출물(보고서 · 작품 · 포트폴리오)을 루브릭에 따라 채점한다. 루브릭은 정량적 항목(예: 정확성, 완성도, 절차 준수)과 정성적 항목(예: 창의성, 공공성, 윤리성)을 혼합해 구성한다. 일반적인 루브릭 항목 예시는 다음과 같다.

출처 평가: 정확성(0~4점), 다양성(0~3점), 표기 일관성(0~3점). 총 10점.

환각 탐지 능력: 오류 식별 수(0～4점), 교차 확인 절차 적절성(0～4점), 증빙 제공(0～2점). 총 10점.

프롬프트 설계: 목적 · 제약 명확성(0～3점), 맥락 제공(0～3점), 결과 개선 노력(0～4점). 총 10점.

프로젝트 평가: 공공성(0～4점), 실행성(0～4점), 의사소통(0～2점). 총 10점.

평가 지표는 수치화된 결과 외에도 학습자의 반성적 에세이, 동료 피드백 요약, 교사 관찰 노트를 포함해 다면적으로 해석한다. 또한 장기 추적을 위해 수료 후 3～6개월 시점의 활용도 조사(학습 적용 여부, 독서 습관 변화, 지역 활동 참여 등)를 실시한다.

인프라·인력·예산 계획

성공적 수업 운영을 위해 다음과 같은 자원이 필요하다. 하드웨어는 학습자 1인당 PC 또는 태블릿 1대, 대형 디스플레이, 녹화 및 스트리밍 장비가 권장된다. 소프트웨어는 안전하고 신뢰할 수 있는 AI 서비스(교육용 라이선스 권장), 데이터 시각화 도구, LMS가 필요하다. 실습 환경은 샌드박스 계정 또는 내부 필터가 적용된 접근 제어 환경으로 구축해 민감 정보 유출을 예방한다.

인력 구성은 프로그램 책임자(사서) 1인, 강사(외부 AI · 데이터 전문가 또는 대학 협력) 1~2인, 보조 강사(학생 · 자원봉사) 다수, 기술 지원 1인으로 구성한다. 예산 항목은 인건비, 장비 구입 · 유지 보수, 소프트웨어 · API 사용료, 교육 자료 제작비, 홍보비, 평가 · 성과 보상금 등을 포함한다. 예산 규모는 기관 규모와 대상 수에 따라 달라지며, 소규모 파일럿 프로그램(50인 대상, 6개월)인 경우 최소 운영비(인건비 · 장비 임대 · 소프트웨어)로 추정할 수 있다. 지속성 확보를 위해 지자체 및 교육청이 연계하여 공적으로 지원하거나, 민간 협력(기업 후원 · 기술 제공)과 심화 과정(유료) 운영을 병행하는 하이브리드 재원 모델로 구성할 수 있다.

윤리·프라이버시·거버넌스

교육과정 전반에 걸쳐 윤리와 프라이버시를 엄격히 적용해야 한다. 실습 전 이용자 동의서에는 AI 사용 목적, 데이터 수집 범위와 보관 기간, 결과 활용 방식, 연구 · 공개 시 익명화 원칙을 명시해야 한다. 정치, 의료, 정서적 문제 등 민감한 주제에 대한 내용이 나오면 미리 확인해서 문제가 없는지 살펴본다. 잘못된 정보, 차별적 발언 등 위험성이 높은 내용은 바로 차단하고, 최종적으로 사람이 점검하도록 한다. 저작권 문제를 방지하기 위해 AI 생성물의 인용 기준과 출처 표기 규칙을 마련하고, 이용자에게 표기 방법을 교육한다. 또한 개인정보보호위원회의 지침과 기관 내부의 데이터 거버넌스 규정을 따라 로그 접근 권한을 최소화하고 정기 감사 · 보고 체계를 운영한다.

거버넌스 구조는 운영위원회(사서, 교육 담당, 법무 · 윤리 자문, 지역 대표)와 기술자문단(대학 · 기업 전문가)을 두어 정기적 심의와 사고 대응을 수행하도록 설계한다. 또한 분기별 성과 · 사고 · 민원 보고서를 공개해 투명성을 확보한다. 1년 단위의 실행 계획안은 다음과 같다.

실행 로드맵(12개월 계획)

· 1~2개월: 수요 조사와 파트너 섭외, 모듈 설계와 템플릿 제작, 인프라 점검 실시.

· 3~4개월: 파일럿 운영, 형성 평가와 피드백 수집을 통해 교재 · 루브릭을 보완.

· 5~6개월: 사서 · 강사 대상 연수와 중간 성과 보고, 지역 홍보 확대 진행.

· 7~9개월: 팩트체크와 융합 프로젝트를 도입해 장기

프로그램 운영.

· 10~12개월: 성과 분석 및 공개 보고, 정책 권고안 마련, 확산 계획 수립(광역 대표 도서관 허브화 검토).

파일럿 단계에서는 소규모 그룹으로 시작해 운영 이슈(시간 배분, 기술 오류, 이용자 이해도)를 빠르게 개선하는 것이 중요하다. 또한 초기 성과 지표(참여율 · 만족도 · 산출물 품질)를 공개해 지역 파트너의 신뢰를 확보하고, 확산 시 학계 · 정책 기관의 외부 검증과 협업할 근거를 마련한다.

위험 요인 및 대응 전략

주요 위험 요인은 AI 환각에 따른 잘못된 정보 확산, 개인정보 유출, 윤리적 문제(편향 · 표절), 강사 · 사서 역량 부족, 이용자 거부감 등이다.

대응 전략은 다음과 같다. 환각 위험은 'AI 초안' 표기와 교차 검증 필수화로 완화한다. 개인정보 유출 위험은 개인정보 최소 수집, 암호화, 접근 통제로 관리한다. 윤리적 문제는 사전에 고지하고 규정을 지키는지 계속하여 점검하여 예방하고, 규정 위반 시 어떻게 고칠지 정해진 절차대로 처리한다. 역량 부족은 표준 연수와 멘토링으로 지속적으로 보완하며, 이용자 거부감은 체험 중심 프로그램과 투명한 고지로 신뢰를 회복한다.

AI 실습 모델은 독서 교육을 독해 중심에서 판단과 생산 중심으로 전환시키는 유효한 수단이다. 공공 도서관은 지역 사회 학습 촉진자라는 정체성을 바탕으로 안전성과 윤리를 확보한 가운데 다양한 AI 실습 모델을 실행할 역량을 보유하고 있다. 성공적 도입을 위해서는 표준화된 모듈과 루브릭의 개발, 사서 역량 강화, 안정적 인프라와 재원 조달, 투명한 거버넌스와 평가 체계가 병행되어야 한다.

참고문헌

ALA(ACRL). Framework for Information Literacy for Higher Education.
https://www.ala.org/acrl/standards/ilframework

KERIS 한국교육학술정보원(2024). “생성형 AI를 활용한 교수학습 운영 가이드”.
https://keris.or.kr/main/ad/pblcte/selectPblcteETCInfo.do?mi=1142&pblcteSeq=13792

NIA 한국지능정보사회진흥원(2023.12). “생성형 AI 윤리 가이드북”.
https://www.nia.or.kr/site/nia_kor/ex/bbs/View.do?cbIdx=39485&bcIdx=26195&parentSeq=26195

UNESCO. Media and Information Literacy Curriculum.
https://www.unesco.org/mil4teachers/en/curriculum

08
공공 도서관 사서의 역할 재정립

AI 시대의 사서는 지식 생태계의 해석자이자 윤리적 감시자가 되어야 한다. 사서의 전문성은 도서 분류, 대출 관리보다 교육 · 평가 · 정책 제안으로 이동하고 있다.

AI와 인재 채용?

인공지능(AI) 기술이 사회 전반에 걸쳐 혁신적인 변화를 주도하는 '초지능 사회'로의 전환은, 인류 문명의 지식 축적 및 활용 방식을 근본적으로 재편하고 있다. 이러한 거대한 변혁의 물결 앞에서 공공 도서관, 그리고 그 핵심 인력인 사서의 역할에 대한 재정립 요구는 필연적인 과제가 되었다. 과거 도서관은 지식의 저장소이자 정보 접근의 '게이트키퍼(Gatekeeper)'로서 물리적 자료의 분류, 목록화, 대출 및 반납 관리 등을 통해 정보의 질서와 접근성을 보장하는 역할을 수행해 왔다. 사서의 전문성은 주로 이러한 물리적 자료 관리 및 이용자 서비스의 효율성에 초점이 맞춰져 있었다.

그러나 AI 기술의 발전은 전통적인 도서관 업무의 상당 부분을 자동화하고 있으며, 정보의 생산 및 유통 구조 자체를 바꿔놓고 있다. AI는 방대한 데이터를 초고속으로 처리하여 분류하고, 이용자의 선호도를 예측하여 맞춤형 정보를 제공하며, 심지어 단순 질의응답 서비스까지 대체하고 있다. 이러한 기술적 환경 변화는 사서가 더 이상 '자료 관리자'의 역할에만 머물러서는 안 되며, 새로운 지식 생태계 속에서 인간만이 수행할 수 있는 고차원적인 역할로 전문성을 확장해야 함을 시사한다.

공공 도서관 사서는 AI 시대를 맞이하여 데이터의 해

석자(Interpreter)이자 윤리적 감시자(Ethical Monitor)라는 새로운 정체성을 확립해야 한다. 이 장에서는 사서의 전문성을 구성하는 핵심이 전통적인 업무 영역에서 교육, 평가, 그리고 정책 제안이라는 새로운 영역으로 이동하고 있음을 논하며, 이를 위한 실천적인 방안을 모색하고자 한다.

역할 전환의 시대적 배경: 자동화되는 전통 업무와 새로운 전문성의 필요

AI 시대가 가속화됨에 따라, 전통적으로 사서의 주요 업무로 간주되었던 도서 분류 및 목록 작업, 그리고 자료의 대출 및 반납 관리는 이미 상당 부분 자동화되거나 AI 기반 시스템으로 대체되고 있다. 방대한 양의 디지털 자료와 메타데이터는 기계 학습 알고리즘을 통해 신속하고 정확하게 처리되며, 이용자는 키오스크나 모바일 앱을 통해 대출 및 반납 절차를 스스로 해결하는 것이 보편화되었다. 이러한 기술적 효율성은 도서관 운영의 비용을 절감하고 편의성을 증진시키는 긍정적인 효과를 가져왔으나, 동시에 사서 직무의 본질적 의미에 대한 근본적인 질문을 던지게 한다. 과거 어떤 책을 어디에 놓을 것인가에 집중되었던 사서의 전문성은 이제 새로운 차원의 문제에 직면하고 있다.

전통적이고 반복적인 업무에 더하여 사서는 AI가 생성하고 필터링하는 정보의 홍수 속에서 이용자가 길을 잃지 않도록 돕는 역할을 수행해야 한다. AI가 지식을 만들어 내고 제공하는 시대에, 사서는 단순히 정보를 제공하는 것을 넘어 정보를 이해하고 활용할 수 있는 능력을 키워주는 역할로 바뀔 필요가 있다. AI가 쏟아내는 수많은 결과물 중 어떤 것이 신뢰할 만한 정보인지, 이 정보가 어떤 편향성을 내포하고 있는지, 혹은 AI 알고리즘의 작동 방식은 어떠한지 등을 파악하고 이를 대중에게 교육하는 것은 이제 사서의 핵심적인 전문 영역이 되고 있다. 이러한 전문성 이동은 사서가 정보의 단순한 관리자를 넘어, 지식 사회의 복잡한 구조를 해독하고 이용자에게 그 해독 방법을 가르치는 고도의 지적 조력자가 되어야 함을 의미한다.

데이터의 해석자로서 사서의 새로운 기능

AI 시대의 도서관 자료는 더 이상 종이책이나 단순 디지털 파일에 국한되지 않는다. 이는 AI 알고리즘이 학습하고 추출하며 재구성하는 방대한 데이터세트, 그리고 그 데이터를 기반으로 생성된 정보와 지식을 포괄한다. 이러한 환경에서 사서는 AI가 걸러낸 정보가 아닌 원천 데이터의 의미와 맥락을 파악하고, 그 데이터를 이용자가 비판적으로 이해할 수 있도록 돕는 데이터의 해석자 역할을 수행해야 한다. AI가 제공하는 가장 적절한 답은 정답이 아닐 수 있으며, 알고리즘이 숨기고 있는 편향성이나 누락된 정보가 있을 수 있다는 인식을 대중에게 교육하는 것이 해석자로서의 주요 임무다.

데이터 해석자로서 사서의 구체적인 기능은 다음과 같다. 첫째, 정보 비판 능력 교육이다. 사서는 이용자들에게 AI가 제공하는 정보의 출처와 데이터 학습 과정을 분석하고 평가하는 방법을 교육해야 한다. 예를 들어, 특정 AI 챗봇의 답변이 어떤 데이터세트를 기반으로 생성되었는지, 그 데이터세트가 사회적 다양성을 반영하고 있는지 등을 질문하도록 유도해야 한다. 둘째, 데이터 리터러시 프로그램 설계 및 운영이다. 이는 단순한 AI 사용법 교육을 넘어, 데이터 시각화 도구 사용법, 기본적인 데이터 분석의 원리, 그리고 빅데이터의 사회적 영향력 등을 포괄하는 심화 교육을 의미한다. 사서는 지역 사회의 특성과 연령별 요구에 맞춰 이러한 교육 프로그램을 설계하고 주도적으로 운영함으로써, 시민들의 디지털 및 데이터 문해력을 향상시키는 선봉장 역할을 맡는다. 셋째, 복잡한 정보의 맥락화다. AI는 정보를 단편적으로 제공할 수 있지만, 사서는 그 정보가 역사적, 사회적, 문화적 맥락 속에서 어떤 의미를 가지는지를 연결하여 이용자가 심층적인 이해에 도달하도록 안내한다. 이는 특히 정치, 의료와 같이 민감한 주제에서 AI가 제공하는 피상적이거나 편향된 정보를 넘어선 균형 잡힌 시각을 제공하는 데 필수적이다.

윤리적 감시자로서 정보 정의 실현

AI 시대의 정보 활용은 단순한 접근의 문제를 넘어 윤리적 문제와 직결된다. 잘못된 AI 출력(고위험 출력), 알고리즘의 투명성 부재, 데이터 편향성으로 인한 사회적 불평등 심화 등은 공공 영역에서 사서의 윤리적 감시자 역할이 절대적으로 필요한 이유다. 사서는 정보와 지식의 접근에 있어 형평성과 정의를 수호하는 최후의 보루가 되어야 한다. 이는 단순히 도서관 내의 서비스에 국한되는 것이 아니라, 지역 사회 전반의 AI 활용 환경에 대한 윤리적 기준을 제시하고 감시하는 광범위한 활동을 포함한다. 윤리적 감시자로서 사서는 다음과 같은 역할을 수행해야 한다. 첫째, 정보 평등 및 공정성 확보다. 사서는 모든 이용자가 기술 격차나 경제적 능력에 관계없이 양질의 AI 기반 정보에 접근할 수 있도록 돕고, AI 서비스가 특정 집단에게만 유리하게 설계되지 않았는지 지속적으로 점검해야 한다. 둘째, AI 출력물의 윤리적 검토 및 필터링이다. 사서는 정치, 의료, 정서적 문제 등 민감 주제와 관련된 정보에 대해 AI가 생성한 고위험 출력물이 확산되지 않도록 사전 심의 절차에 참여하거나, 이용자에게 해당 정보의 잠재적 위험성을 명확하게 고지해야 한다. 특히 건강 정보나 금융 정보와 같이 개인의 삶에 중대한 영향을 미치는 분야에서 사서는 AI의 판단을 무비판적으로 수용하지 않도록 이용자를 교육하고, 사람이 직접 정보를 검사해야 할 필요성을 역설해야 한다. 셋째, 윤리 규정의 정착 및 준수 점검이다. 도서관 내외부에서 AI 기술 활용 시 발생할 수 있는 윤리적 문제에 대해 사전 고지 및 교육을 실시해야 한다. 이는 이용자뿐만 아니라 도서관 직원들을 대상으로 AI 기반 서비스의 데이터 수집 및 활용, 개인 정보 보호 등에 대한 명확한 윤리 기준을 제시하고 그 준수 여부를 정기적으로 점검하는 것을 포함한다. 규정 위반이 발생했을 경우에는 명확한 시정 절차를 운영함으로써 공공 기관으로서의 책임성을 강화해야 한다.

전문성 재정립: 교육, 평가, 정책 제안으로의 이동

사서의 전문성이 전통적인 분류, 목록, 대출 관리 등의 기술적 업무에서 벗어나 교육, 평가, 정책 제안이라는 지적 및 사회적 영향력 영역으로 이동하는 것은 AI 시대의 가장 중요한 변화 중 하나다. 이러한 역할 이동은 사서 직무의 가치를 단순한 관리 업무를 넘어, 지식 기반 사회를 선도하는 리더십의 영역으로 끌어올리는 계기가 될 수 있다.

첫째, 교육자로서의 역할 심화는 AI 시대 사서의 가장 강력한 전문성이다. 이는 단순히 컴퓨터 활용법을 가르치는 것을 넘어, AI 리터러시, 미디어 리터러시, 데이터 리터러시를 통합한 포괄적인 교육 프로그램의 기획 및 실행을 의미한다. 사서는 이용자의 거부감을 해소하기 위해 AI 기술을 체험 중심 프로그램에 통합하여 제공함으로써, 기술에 대한 막연한 두려움 대신 실질적인 효용성을 느끼게 하고 투명한 고지를 통해 AI의 한계와 가능성을 명확히 밝혀 이용자와의 신뢰를 회복해야 한다.

둘째, 도서관 서비스의 평가자 역할 강화다. 도서관이 AI 기반 서비스를 도입할 때, 사서는 이 기술이 실제로 이용자에게 어떤 긍정적 또는 부정적 영향을 미치는지, 그리고 정보 평등과 접근성 목표에 부합하는지를 과학적으로 평가해야 한다. 이는 AI 서비스의 효용성뿐만 아니라, 잠재적인 윤리적 편향이나 기술적 오류를 식별하고 시정할 수 있는 전문적인 평가 능력을 요구한다.

셋째, 정책 제안자로서의 사회적 역할 수행이다. 사서는 현장에서 이용자의 정보 요구와 AI 기술의 접점을 가장 잘 이해하는 전문가로서, 지역 사회 및 국가 단위의 정보 및 지식 정책 수립 과정에 적극적으로 참여해야 한다. AI 시대의 지식재산권, 데이터 공유, 공공 정보의 디지털 보존, 그리고 사서의 전문성 개발을 위한 투자 등과 관련된 정책적 이슈에 대해 전문적인 의견을 제시하고, 공공 도서관의 미래 방향을 설정하는 데 기여해야 한다. 이러한 정책 제안 활동은 사서의 직무가 단순한 행정 업무를 넘어 사회적 가치를 창출하는 핵심적인 지적 노동임을 입증하는 중요한 수단이다.

이러한 사서 역할의 성공적인 재정립을 위해서는 사서 스스로의 역량 강화가 시급하며, 이는 국내외 연구를 통해 지속적으로 강조되고 있는 부분이다. 국내 연구들은 AI 시대에 사서가 데이터 해석 및 윤리적 감시자 역할을 효과적으로 수행하기 위해 AI 역량 강화 교육의 시급함을 한목소리로 제시하고 있다. 여기서 말하는 AI 역량은 복잡한 알고리즘을 개발하는 수준이 아닌, AI 기반 도구를 효과적으로 활용하고, 그 결과물을 비판적으로 해석하며, AI 서비스의 윤리적 문제를 식별하고 대처할 수 있는 실무적 문해력을 의미한다.

실천적인 관점에서 이러한 역량 강화는 두 가지 축을 중심으로 병행되어야 한다. 첫째, 도서관 내부의 체계적인 연수 프로그램 운영이다. 모든 사서가 AI 기초 지식, 프롬프트 엔지니어링, 데이터 시각화의 기본 원리, 그리고 정보 윤리 교육을 의무적으로 이수하도록 하는 맞춤형 연수 과정을 개발해야 한다. 둘째, 외부 기관과의 적극적인 협업 병행의 필요성이다. 개별 도서관이나 사서 개인으로는 AI 기술과 관련된 최신 지식과 전문성을 확보하는 데 한계가 있으므로, 대학의 정보학 및 컴퓨터 공학 전공, AI 관련 연구소, 민간 IT 기업 및 비영리 정보 윤리 단체 등과 협력하여 사서들에게 기술 및 윤리 교육의 기회를 제공해야 한다. 이러한 외부 협력은 사서들이 AI 기술의 최전선에 있는 전문가들과 직접 소통하며 실질적인 AI 리터러시를 습득하는 데 결정적인 역할을 할 것이다. 또한 외부 기관과의 협력은 도서관이 지역 사회의 AI 관련 교육 허브로서 기능할 수 있는 기반을 마련해준다.

AI 시대의 도서관 사서는 단순히 지식의 관리자나 제공자를 넘어, 복잡하게 얽힌 정보의 그물망 속에서 이용자의 비판적 사고 능력을 배양하고, 정보 정의와 윤리적 가치를 수호하는 핵심 인력으로 그 역할이 재정립되어야 한다. 사서의 전문성은 이제 도서 분류와 대출 통계를 넘어, AI를 활용한 교육 프로그램 개발, 도서관 서비스의 사회적 영향 평가, 그리고 공공 정책 제안이라는 지적이고 사회 참여적인 영역으로 이동하고 있다. 이러한 역할 전환은 결코 사서의 업무가 기술로 대체되는 것을 의미하는 것이 아니다. 오히려 AI가 가져오는 기술적 효율성을 바탕으로, 사서는 인간만이 할 수 있는 역할, 즉 데이터 이면의 의미를 해석하고, AI 기술 도입의 이면에서 윤리적 문제와 정보 불평등을 감시하며, 사람들을 지식적으로 성장시키는 인간 중심의 지식 가치 수호자로서의 위상을 확고히 하는 것이다. 국내 연구가 제시하듯, 시급한 AI 역량 교육과 외부 협력을 통한 실질적인 준비가 이루어진다면, 사서는 AI 시대에도 변함없이 공공 지식 생태계의 가장 중요한 주체로 자리매김할 수 있을 것이다. 공공 도서관은 AI와 인간 지성의 조화로운 발전을 이끌어가는 사회적 인프라로서 그 중심에는 새로운 전문성으로 무장한 사서가 서게 될 것이다.

참고문헌

김수완·이성숙(2022). "공공 도서관 노인 디지털 리터러시 프로그램 현황 및 개선방안 연구". 《정보관리학회지》, 39(4), 49~74쪽.

이현숙(2024). "공공 도서관 청소년 디지털 리터러시 프로그램 개선방안 연구". 이화여자대학교 석사학위논문. https://dspace.ewha.ac.kr/handle/2015.oak/269020

정진한 외(2025). "대학도서관 디지털 리터러시 교육과정 개발 연구". 《한국도서관·정보학회지》, 56(2), 275~295쪽.

UNESCO(2021). Recommendation on the Ethics of Artificial Intelligence. https://unesdoc.unesco.org/ark:/48223/pf0000381137

09
정책과 제도적 지원

AI 기반 서비스의 지속 가능성을 위해서 예산과 윤리적, 법제적 기반 조성이 필수적이다. ARL과 IFLA의 국제 지침과 더불어 국립중앙도서관의 AI 기술 활용 가이드라인을 참고하는 것이 도움이 될 것이다. 특히 개인정보 보호와 저작권 문제는 서비스 설계 초기부터 고려되어야 하며, 책임 있는 실험의 원칙이 준수되어야 한다.

AI와 기자?

인공지능 기술은 공공 서비스의 효율성과 접근성을 크게 향상시킬 수 있다. 공공 도서관에 적용되는 AI 기반 서비스(추천 시스템, 자동 요약 · 메타데이터 보강, 질의응답 서비스, 데이터 분석 기반 정책 지원 등)는 이용자 경험을 개선하고 운영의 생산성을 높일 수 있다. 그러나 기술 도입만으로 지속 가능한 서비스가 보장되는 것은 아니다. 예산의 안정적 확보, 윤리적 · 법제적 기반 마련, 투명한 거버넌스 및 책임 있는 실험 원칙 제정이 병행되어야만 기술의 효용성이 공공성과 안전성, 신뢰성으로 연결될 수 있다. 이 장에서는 AI 기반 도서관 서비스를 지속 가능하게 운영하기 위한 정책 · 제도적 조건을 중심으로, 국제 지침의 시사점과 국내 가이드라인의 적용 방안, 개인정보 및 저작권 쟁점, 책임 있는 실험 원칙, 실무적 거버넌스 모델과 단계적 실행 로드맵을 제시한다.

예산적 기반: 지속 가능성의 전제

AI 기반 서비스는 모델 라이선스 · 서버 · 데이터 정제 · UI 개발 등 초기 개발 및 구축 비용과 시스템 업데이트 · 호스팅 · 모니터링 · 인력 재교육 등 장기 운영 비용으로 구분하여 예산을 계획해야 한다. 초기 투자만 집중하고 운영 예산을 소홀히 하면 시스템은 빠르게 도태되거나 안전 · 보안 관련 리스크를 발생시킬 가능성이 높다. 따라서 정책적 예산 배분안은 최소 3년 단위의 총소유비용(TCO, Total Cost of Ownership)을 기준으로 설계되어야 한다.

공공 예산(중앙 · 지방 보조금)뿐 아니라 민관 협력, 연구 및 시범 사업 기금, 민관 합작투자 사업(PPP, Public Private Partnership), 교육 프로그램 유료화 등 다원적 재원 확보 방안을 마련해야 한다. 특히 광역 대표도서관을 허브로 하는 표준 모듈 · 인프라를 구축하면 규모의 경제를 통해 개별 관의 부담을 낮출 수 있다. 기술 운영 인력(데이터 엔지니어 · AI 운영자), 교육 담당자(사서 · 강사), 윤리 · 법무 자문 등 필수 인력을 장기적 인건비 예산에 포함해야 한다. 인력 개발을 위한 정기 연수 · 인증 체계 비용도 별도 예산 항목으로 확보해야 지속 가능성이 담보된다.

예산 집행은 투명하게 공개하고, 성과 지표(이용자 만족도 · 서비스 신뢰도 · 안전 지표 등)와 연동해 지속적 재원 배분의 근거로 활용해야 한다. 분기 · 연간 성과 보고를 통해 중앙 · 지자체의 재정 지원을 정당화할 수 있다.

윤리적·법제적 기반의 구성 요소

AI 서비스 설계 초기에 관련 법규(개인정보보호법, 저작권법, 공공기록법 등)의 준수 여부를 검토하고, 필요한 동의 · 고지 및 데이터 처리 절차를 규정해야 한다. 법률 자문은 프로젝트가 처음 설계될 때부터 함께하면서, 생성물의 저작권이 누구에게 귀속되는지와 같은 불확실한 부분을 미리 점검하고 관리할 수 있도록 돕는다.

공정성, 투명성, 책임감, 사생활 보호, 안전성처럼 기본이 되는 윤리 원칙은 기관의 정책 안에 명확히 반영되어야 한다. 정책에는 실제로 어떻게 실천할지에 대한 구체적인 지침도 꼭 들어가야 한다. 예를 들어 편향 여부를 얼마나 자주 점검할지, 결과가 어떤 방식으로 설명 가능해야 하는지, 위험이 큰 서비스에는 사람이 직접 검수하는 절차까지 포함해야 한다.

유럽의 AI Act 논의나 국내 AI 가이드라인처럼 국제적, 국내적인 규제 흐름을 꾸준히 살피고, ISO나 국가표준원과 같은 표준화 기관의 권고를 미리 반영하는 것이 리스크 관리에 용이할 것이다.

데이터 거버넌스 강화와 이용자 권리 보호를 위해 데이터의 확보, 관리, 폐기 기준을 명확히 규정해야 한다. 아울러 이용자의 열람, 정정, 삭제, 이동 등 권리 행사에 관한 처리 절차와 서비스 수준 계약(SLA, Service Level Agreement, 제공될 서비스의 구체적 수준과 성능, 가용성 등을 명시한 서비스 제공 업체와 고객 간의 계약)도 체계적으로 마련해야 한다. 또한 데이터 연계나 외부 제공이 필요한 경우, 비식별화, 가명 처리, 계약 기반의 보호 조치 등을 반드시 이행해야 한다.

국제 기관 및 국내 기관 가이드라인

국제적 기관의 가이드라인은 대체로 '정보 접근성 · 책임 있는 기술 사용 · 투명성'의 원칙을 강조한다. 미국연구도서관협회(ARL, Association of Research Libraries)와 국제도서관협회연맹(IFLA, International Federation of Library Associations and Institutions)은 도서관의 공공성 유지, 이용자 권리 보호, 그리고 기술의 교육적 활용을 권고한다. 이들 지침은 거버넌스 모델의 설계, 윤리적 평가 기준, 이용자 참여 메커니즘 설계에 유용한 참고틀을 제공한다.

국립중앙도서관 등 국내 기관에서 발표한 AI 활용 가이드는 국내 법제 · 제도 현실과 도서관 업무 특성을 반영한 실천적 지침을 포함하고 있다. 예를 들어, 교육용 AI 도구의 안전한 사용 조건, 사서 교육 권장 사항, 공공 데이터 활용 시 주의점 등은 현장 적용에 즉시 도움이 된다.

도서관 현장에서는 국제적 원칙을 상위 철학으로 수용하되, 국내법과 사회적 맥락을 반영한 세부 운영 규범을 병기하는 방식이 바람직하다. 예를 들어 투명성 원칙은 ARL과 IFLA의 권고와 일치시키고, 공개 범위 및 보고 주기는 국내 행정 관행과 주민 수용성을 고려해 구체화하는 방식을 고려해 볼 수 있다.

설계 초기의 필수 고려 사항 : 개인정보 보호와 저작권

AI 서비스 설계 시 필요한 데이터 항목을 최소화하고, 목적 외 사용을 금지하는 기술적 · 행정적 장치를 마련해야 한다. 실습 · 교육용 데이터는 가능한 공공 · 오픈 데이터 또는 명시적 동의를 받은 데이터로 제한한다. 제3자 제공 · 분석을 위해서는 적절한 가명 처리와 비식별화 기법을 적용하고, 재식별 위험을 주기적으로 평가해야 한다. 이를테면, 가명 처리나 비식별화를 잘 했다고 하더라도, 새로운 정보나 다른 데이터와 결합했을 경우 특정 개인이 다시 식별될 가능성이 생길 수 있으므로, 이러한 위험이 발생할 수 있는지 주기적으로 확인하고, 추가 조치를 통해 정보를 더 안전하게 보호해야 한다. 데이터 접근 권한은 역할 기반 액세스 제어(RBAC, Role Based Access Control, 조직 내 사용자에게 개별적인 권한 대신 역할을 부여하여 시스템, 애플리케이션, 데이터 등에 대한 접근을 통제하는 보안 모델. 각 역할에는 특정 권한이 할당되고, 사용자는 자신이 가진 역할을 통해 해당 역할에 부여된 권한만 사용 가능. 사용자 권한 관리를 간소화하고, 보안을 강화하며, 규정 준수를 용이하게 함)로 엄격히 통제해야 한다.

저작권 문제의 선제적 해결을 위해서 서비스 설계 초기부터 저작권위원회와 법무 자문과 협의하고, 기관 차원의 저작권 정책, 예를 들어, 인용 기준, 상업적 이용 제한, AI 생성물 표기법 등을 수립해야 한다. 도서관 소장 자료를 학습 데이터로 사용하는 경우에는 권리자 허가 또는 예외 법리 적용 여부를 명확히 검토해야 한다. 실질적으로는 한국저작권위원회의 공유 마당 자료를 이용하거나 OA(Open Access) 자료, 도서관 자체 발행 자료 등을 사용하는 것이 저작권 시비에 걸리지 않는 방법일 수 있다.

AI 기반 서비스의 성격(추천 · 자동 요약 · 생성 등)을 명확히 고지하고, 이용자에게 데이터 처리 · 결과 활용에 대한 동의를 구해야 한다. 민감 정보 처리나 프로파일링 기능이 포함된 경우 별도의 명시적 동의를 요구하도록 한다. 예를 들어, 도서관에서 AI가 특정 책을 추천해 줄 경우, '이 추천은 다른 이용자가 많이 본 책이나, 귀하의 과거 대출 기록을 기반으로 산출된 결과입니다'라는 방식으로 설명하여야 한다. 민감 정보를 통해 이용자 성향이나 행동 패턴 등을 분석하여 개인의 특성을 파악하는 프로파일링 기능의 경우, 해당 기능의 사실과 목적을 자세히 설명하고, '이러한 프로파일링 기능에 정보를 활용하는 것에 동의하십니까?'라는 질문을 통해, 일반적인 약관 동의보다 더 명확하고 구체적인 허락을 구해야 한다.

책임 있는 실험 원칙

실험 설계의 윤리성 확보를 위해 새로운 AI 기능 도입 전에 리스크 평가(안전 · 윤리 · 법률적)를 수행하고, 고위험 기능은 소그룹 · 폐쇄형 파일럿으로 먼저 운영해야 한다. 실험 단계에서는 '비가역적 피해' 가능성을 원천적으로 배제하는 기준을 적용해야 한다. 도서 추천 AI가 시스템적으로 과부하를 일으키거나, 사용자 정보 처리 과정상 오류를 발생할 가능성을 미리 확인해야 한다. AI가 특정 독서층에게 편향된 정보를 제공하여 독서의 다양성을 해치거나, 이용자의 사적인 독서 기록을 부적절하게 활용하지 않도록 해야 한다. AI가 개인정보보호법 등 관련 법규를 잘 지켜서 혹시 모를 법적 분쟁을 일으킬 소지는 없는지 등도 확인해야 한다. 또한 AI가 어린이가 읽을 책을 자동으로 골라줄 때, 혹시 유해한 콘텐츠를 추천할 가능성이 있다면 이는 매우 고위험 기능이라고 볼 수 있다. 이러한 고위험성을 막기 위해 소수의 직원이나 자발적인 참여자 그룹에게만 해당 AI 기능을 먼저 사용하게 하여 문제가 없는지 검토하고 개선하는 과정이 필수적이다. '비가역적 피해'의 예로는 개인의 민감 정보가 외부로 영구히 유출되어 회복 불가능한 사생활 침해가 발생하는 경우, 어린이나 청소년에게 정서적으로 심각한 악영향을 미치는 콘텐츠를 AI가 지속적으로 추천하여 돌이킬 수 없는 심리적 피해를 입히는 경우를 들 수 있다.

자동화된 결정이 중요한 영향(정보 접근 제한, 민원 처리 등)을 미칠 수 있는 영역에서는 반드시 사람이 직접 검수하는 절차를 배치해야 한다. AI의 권고는 '참고'로 표기하고, 최종 판단권과 책임은 인간 운영 주체가 가져야 한다.

모델 업데이트 시 성능 · 공정성 · 설명성의 회귀 테스트를 표준화하여 배포 전 검증을 의무화한다. 자동화된 샘플 케이스('이용자의 과거 대출 이력이 이러이러할 때, AI는 어떤 책들을 추천해야 하는가' 또는 '어떤 특정 주제의 텍스트가 입력되었을 때, AI는 어떤 내용으로 요약해야 적절한가'와 같은 시나리오와 예상 답변을 만들어 놓는 것)와 테스트 스위트(샘플 케이스를 AI에 입력했을 때, AI가 내놓는 답변이나 결과물이 미리 정해놓은 기준에 맞는지 컴퓨터가 자동으로 비교하고 점수를 매기는 프로그램. 매번 AI를 업데이트하거나 변경할 때마다 이 시험을 자동으로 돌려서 과연 괜찮은지를 빠르게 확인하는 것)를 마련해 주요 지표 악화 발생 시 롤백 절차를 명문화한다. 파일럿 결과와 문제 발생 사례는 이용자와 이해관계자에게 공개하고, 피드백 수렴 절차를 운영한다. 이용자와 시민 대표가 참여하는 피드백 포럼을 통해 실험의 사회적 수용성을 제고해야 한다.

거버넌스 및 운영 모델

내부 조직 구조와 역할 분담 차원에서, 도서관 내 AI 운영을 전담하는 'AI 거버넌스팀'을 설치하고, 기술 · 윤리 · 교육 · 법률 담당 역할을 명확히 분담한다. AI 거버넌스팀은 모델 운영 정책 수립, 모니터링, 사고 대응, 교육 프로그램 기획을 책임진다. 외부 자문단과 협력 네트워크 구성을 위해 학계(인공지능 · 윤리 · 정보학), 법률 · 저작권 전문가, 시민 단체(디지털 권리), 기술 파트

너로 구성된 외부 자문단을 운영하여 정기적 심의와 권고를 받는다. 광역 대표 도서관 차원에서는 공동 샌드박스와 표준 모듈을 공유하는 네트워크를 구축한다. 정책과 절차를 문서화하고 공개하기 위해 AI 사용 정책, 데이터 거버넌스 매뉴얼, 사고 대응 매뉴얼, 이용자 권리 처리 절차 등을 문서화하고 도서관 홈페이지에서 공개한다. 변경 이력과 버전 관리를 통해 투명성을 유지한다. 이용자 신고 및 피드백 창구, 정기 설문, 토론회, 거버넌스 회의 공개 참관 등 다양한 참여 경로를 마련해 서비스 운영의 민주성을 확보한다.

구현 로드맵(단계별 권고)

준비 단계(~3개월)

수요 조사 및 리스크 맵 작성 / 법률 · 윤리 초기 검토 및 기본 정책 초안 작성 / 예산 시나리오(최소 · 권장 · 확장)를 포함한 사업 계획 수립 / 파일럿 대상 서비스 선정(추천 · 검색 · 요약 등 낮은 위험 영역 우선).

파일럿 단계(3~9개월)

폐쇄형 파일럿 운영(소수 이용자 그룹) / 데이터 관리 ·

동의 절차 실험, 로그 수집 · 보관 방식 점검 / 회귀 테스트 · 안전 점검 프로세스 구축 / 파일럿 평가 및 외부 자문단 검토.

확장 단계(9~24개월)

인프라 · 인력 확충 및 표준 모듈 보급 / 지역 네트워크를 통한 공동 운영 · 비용 분담 체계 확립 / 성과 기반 예산 신청 및 제도적 정비(규정 · 내부 지침 확정).

제도화 단계(24개월 이후)

제도적 표준(지침 · 법적 근거) 반영을 위한 정부 · 지자체 협의/ 정기적 외부 감사 · 영향 평가 실시 / 교육 · 커뮤니티 프로그램의 지속화와 공개 데이터 리포지터리(repository) 운용.

모니터링 기준 및 평가 지표(성공 기준)

안전성과 신뢰성 지표

부적절 출력 발생률(건수/월) 및 처리 평균 소요 시간 / 개인정보 사고(유출 · 오남용) 발생 건수(목표 0건) / 모델 환각 · 오류 보고 건수 및 재현성 검증 비율.

이용자·사회적 영향 지표

이용자 만족도(정기 설문), 이용 전 · 후의 정보 판단 능력 향상(사전 · 사후 평가) / 접근성 지표(장애인 · 비수도권 이용자 참여율) / 공적 가치 지표(도서관 프로그램을 통한 지역 문제 해결 사례 수).

운영 효율성 지표

시스템 가동 시간(Availability), 응답 지연 시간(Latency) / 비용 대비 성과(이용자당 비용, 자동화로 절감된 인건비 등).

거버넌스·준수 지표

정책 준수율(내부 감사 결과), 회귀 테스트 통과율, 외부 자문단 권고 반영 비율.

위험 관리와 대응 시나리오

환각·허위 정보 확산 시

즉시 서비스 차단 · 롤백, 영향 범위 식별, 피해 통지 · 시정 조치 시행 / 원인 분석 후 모델 · 데이터 개선안 수립, 재발 방지 대책 공개.

개인정보 유출 시

법적 신고 절차 이행, 영향을 받은 이용자 통지, 피해 복구 조치 안내, 재발 방지 기술적 · 관리적 보완 실시.

저작권 분쟁 발생 시

분쟁 매뉴얼에 따른 일시 서비스 중단 · 법률 검토, 필요 시 권리자와의 협의 · 보상 절차 시행.

결론 및 정책 권고

AI 기반 공공 서비스의 지속 가능성은 기술 자체의 우수성에 의존하지 않는다. 예산의 안정적 확보, 윤리적 · 법제적 기반의 사전 정비, 책임 있는 실험 관행, 투명한 거버넌스와 이용자 참여 메커니즘이 결합될 때 공공의 신뢰를 확보하고 사회적 가치를 창출할 수 있다. 구체적 권고는 다음과 같다.

· 중앙 · 지자체 차원의 중장기 예산(3년 이상)을 확보하고, 광역 대표 도서관 허브를 통한 표준 모듈 · 샌드박스 제공을 지원할 것.

· 도서관 전용 AI 윤리 · 운영 지침을 제정하고, 법률 자문 · 외부 자문단을 제도화하여 운영의 책임성을 높일 것.

· 개인정보 보호 · 저작권 관련 절차를 서비스 설계 초기부터 의무화하고, 가명 처리 · 비식별화 기술 적용 및 동의 관리 체계를 확립할 것.

· 책임 있는 실험 원칙을 법적 · 행정적 권고 수준으로 채택할 것.

· 성과 기반의 투명한 보고 제도를 운영하여 예산 집행 · 서비스 성과 · 사고 대응 현황을 정기적으로 공개할 것.

참고문헌

KERIS 한국교육학술정보원(2024). "생성형 AI를 활용한 교수학습 운영 가이드".
https://keris.or.kr/main/ad/pblcte/selectPblcteETCInfo.do?mi=1142&pblcteSeq=13792

NIA 한국지능정보사회진흥원(2023.12). "생성형 AI 윤리 가이드북".
https://www.nia.or.kr/site/nia_kor/ex/bbs/View.do?cbIdx=39485&bcIdx=26195&parentSeq=26195

ALA(ACRL). Framework for Information Literacy for Higher Education.
https://www.ala.org/acrl/standards/ilframework

UNESCO. Media and Information Literacy Curriculum.
https://www.unesco.org/mil4teachers/en/curriculum

10
미래 독서 교육과 공공 도서관의 청사진

AI를 통한 독서 교육의 미래는 기술과 제도, 인력의 조화를 통해 완성된다. 공공 도서관은 투명하고 이용자 친화적인 설계 안에서, AI를 활용하되 인간의 판단을 존중하는 시스템을 구축해야 한다. AI는 지식을 빠르게 전달하는 도구로서만 작동하는 것이 아니라 독자가 더 깊이 있는 독서를 하도록 돕는 매개체가 되어야 한다.

AI와 미래 의사?

정보 과부하 시대, 독서 교육의 새로운 기회

인공지능 기술이 사회 전반에 걸쳐 혁신을 가져오고 있는 21세기는 정보의 생산과 소비 방식에 근본적인 변화를 요구하고 있다. 특히, 독서와 독서 교육의 영역에서 이러한 변화는 단순한 도구의 교체를 넘어 인간의 사고 방식과 지식 습득의 본질을 재정의할 것을 요구한다. 과거 독서 교육이 지식 습득과 문해력 향상에 초점을 맞추었다면, 정보가 무한대로 쏟아지는 초연결 사회에서는 '무엇을', '어떻게' 읽을 것인가에 대한 비판적 판단력과 '왜' 읽어야 하는지에 대한 본질적인 성찰이 더욱 중요해졌다. 이러한 시대적 요구 속에서, AI는 독서 교육의 효율성을 높이는 단순한 기술적 보조 도구를 넘어, 독자가 지식의 바다를 항해하고 깊이 있는 성찰에 도달하도록 돕는 필수적인 '매개체'로서의 역할을 부여받아야 한다.

이러한 미래 독서 교육의 완성은 오직 기술적 진보만으로는 달성될 수 없다. AI를 통한 독서 교육의 미래는 기술의 혁신, 제도의 윤리적 설계, 인력(사서)의 역할 재정립이라는 세 가지 핵심 요소가 조화롭게 융합될 때 비로소 완성된다. 도서관은 이 세 요소의 교차점에서 미래 독서 생태계를 구축하는 핵심적인 공공기관으로서의 책임을 져야 한다. 도서관은 AI 활용 시스템을 설계함에 있어 투명성과 이용자 친화성을 최우선 가치로 두어야 하며, AI의 효율성을 극대화하되 인간의 비판적 판단과 지혜를 존중하는 시스템적 균형을 유지해야 한다. 이 장에서는 AI 시대의 독서 교육 청사진을 제시하고, 이 청사진 속에서 공공 도서관이 나아갈 구체적인 방향과 역할을 모색한다.

AI 독서 교육의 3대 요소: 기술, 제도, 인력의 조화

미래 독서 교육의 성공적 구축은 AI 기술을 단지 주입식 교육의 효율화 수단으로만 보는 근시안적 시각에서 벗어나, 학습자의 성장에 기여하는 전체론적 관점에서 접근할 때 가능하다. 이를 위해 다음 세 가지 축이 유기적으로 연동되어야 한다.

기술적 혁신 : 개인 맞춤형 독서 경로와 심층 분석 도구

AI 기술은 독자의 현재 독서 능력, 관심사, 학습 속도 및 패턴을 정밀하게 분석하여 초개인화된 독서 경로를 제시할 수 있다. 기존의 단순 추천 알고리즘을 넘어, 텍스트의 난이도, 주제별 복잡성, 그리고 독자가 특정 내용을 이해하는 데 필요한 배경 지식까지 고려한 적응형 독서 환경을 구축하는 것이 기술의 목표가 되어야 한다. 나아가 AI는 독서 중 발생하는 독자의 질문, 이해 부족 영역, 감정적 반응 등을 실시간으로 분석하여 심층적인 텍스트 이해를 돕는 주석 및 해설 도구를 제공해야 한다. 이는 독자가 단순한 지식 전달을 넘어 텍스트의 맥락적 의미와 저자의 의도를 깊이 있게 파악하도록 유도한다.

제도적 윤리 : 투명성, 공정성, 데이터 주권 확보

AI 기반 독서 교육 시스템은 방대한 독서 데이터를 수집하고 분석한다. 이 과정에서 이용자의 프라이버시 보호와 데이터 주권 확보는 가장 기본적인 윤리적 전제가 된다. 공공 도서관은 AI 알고리즘의 작동 방식(왜 이 책이 추천되었는지, 왜 이 독서 경로가 제시되었는지)을 이용자가 이해할 수 있도록 투명하게 공개해야 한다. 또한 모든 이용자가 공평하게 AI 독서 서비스를 이용할 수 있도록 디지털 격차(Digital divide) 해소 방안을 포함한 AI 독서 교육 공정 이용 가이드라인을 제도적으로 마련해야 한다. 제도는 기술의 남용을 방지하고 인간 중심의 독서 경험을 보장하는 안전망 역할을 수행한다.

인력의 역할 재정립: 사서·교사의 큐레이터, 윤리적 조언자 역할

AI가 데이터 분석과 정보 전달을 효율적으로 수행하게

되면서, 사서와 교사의 역할은 정보 제공자에서 '경험 설계자 · 지식 큐레이터 · 윤리적 조언자'로 변화해야 한다. 이들은 AI가 제시하는 정보의 한계와 편향성을 이해하고, 독자에게 비판적 사고의 중요성을 일깨워주는 인간적 접점을 제공해야 한다. 사서는 AI 기반 독서 시스템의 설계와 운영에 참여하여 인간적 판단을 반영하고, 독자들이 AI의 추천을 맹목적으로 따르지 않고 주체적으로 독서 경험을 구성하도록 멘토링해야 한다. 즉, AI는 효율을, 인간 인력은 지혜와 윤리를 담당하는 역할 분담이 필수적이다.

공공 도서관의 새로운 설계: 투명성과 이용자 친화성

AI 시대의 도서관은 단순히 장서를 보관하고 대출하는 물리적 공간을 넘어, AI 기반 독서 서비스의 윤리적 기준과 운영 원칙을 설정하는 '독서 생태계의 허브'로서의 역할을 수행해야 한다.

투명한 알고리즘 설계와 '설명 가능한 AI(XAI)'의 도입

공공 도서관의 AI 추천 시스템은 블랙박스로 남아 있어서는 안 된다. 이용자는 자신이 받은 추천이 어떤 데이터와 논리적 과정을 거쳐 도출되었는지 알 권리가 있다. 도서관은 설명 가능한 AI(Explainable AI, XAI) 원칙을 도입하여, 추천 도서 목록 옆에 '이 책은 당신의 최근 독서 주제와 유사하며, 당신이 이전에 보인 독서 속도에 적합한 난이도를 가지고 있습니다'와 같은 구체적인 설명을 제공해야 한다. 이는 이용자가 추천을 신뢰하고, AI의 제안을 비판적으로 수용할 수 있는 기초를 마련한다.

이용자 친화적 인터페이스와 접근성의 극대화

AI 서비스의 인터페이스는 모든 연령대와 디지털 접근성을 고려하여 설계되어야 한다. 복잡한 데이터 분석 결과 대신 직관적이고 시각적인 독서 대시보드를 제공하고, 특히 디지털 소외 계층을 위해 음성 인식, 다국어 지원, 그리고 점자 디스플레이 연동 등 접근성을 극대화해야 한다. 이용자 친화적 설계는 기술의 혜택이 특정 계층에만 국한되지 않고, 공공 서비스로서의 보편성을 확보하는 데 결정적인 역할을 한다.

인간의 판단을 존중하는 'AI-Human 하이브리드 시스템' 구축

가장 중요한 것은 AI가 최종적인 판단을 내리는 시스템이 아니라, 인간의 판단을 보조하고 강화하는 시스템을 구축하는 것이다. AI는 독서 데이터 분석을 통해 사실적 정보를 제공하지만, 최종적인 책 선택과 해석은 이용자의 몫으로 남겨두어야 한다. 예를 들어, AI가 특정 주제에 대한 편향된 독서를 감지하더라도 강제적으로 다른 책을 추천하는 대신 해당 주제에 대한 다른 관점을 제시하는 도서 목록을 제안하고 이용자가 선택할 수 있도록 하여 독자의 자율성과 비판적 사고 능력을 존중해야 한다. 도서관은 시스템을 통해 '인간 중심의 독서 가치'를 제도적으로 지탱해야 한다.

AI의 역할 재정립: 지식 전달 도구에서 심층 독서의 매개체로

AI를 활용한 독서 교육의 성공 여부는 AI를 단순한 정보 검색 및 요약 도구로만 제한할 것인지, 아니면 독자의 인지적 깊이를 확장하는 매개체로 활용할 것인지에 달려 있다. 기존의 AI 챗봇은 주로 텍스트 요약이나 사실 정보 추출에 강점을 보인다. 그러나 미래 독서 교육에서 AI는 '맥락적 이해'를 촉진하는 매개체여야 한다. AI는 독자가 읽고 있는 텍스트와 관련된 역사적 배경, 저자의 생애, 동시대 다른 사상과의 관계 등을 심층적으로 연결하여 제시할 수 있다. 예를 들어, 특정 텍스트를 읽을 때, AI는 그 텍스트가 후대 사상에 미친 영향이나 그 텍스트에 대한 주요 비판론을 즉각적으로 제공하여, 독자가 텍스트를 고립된 정보로 받아들이지 않고 지식의 연결망 속에서 이해하도록 돕는다.

심층 독서는 텍스트가 주는 정보를 수동적으로 받아들이는 것이 아니라, 텍스트에 적극적으로 질문을 던지는 과정이다. AI는 독자가 텍스트를 읽는 동안 독자의 이해 수준과 독서 목표를 기반으로 '비판적 질문'을 자동으로 생성하여 제시할 수 있다. "이 소설에서 주인공의 선택은 윤리적으로 정당한가? 그 근거는 무엇인가?", "저자의 주장이 오늘날에도 유효하다고 생각하는가? 만약 그렇지 않다면 어떤 부분이 수정되어야 하는가?"와 같은 질문들은 독자가 텍스트를 비판적으로 해체하고 재구성하도록 유도하며, AI가 심층 독서를 위한 촉매가 되도록 한다.

AI의 가장 강력한 능력 중 하나는 방대한 데이터베이스 내에서 패턴과 연결고리를 찾는 것이다. 독서 교육에서 이는 텍스트 간 연결망 분석(Intertextual Network Analysis)을 의미한다. AI는 독자가 읽은 수백 권의 책, 혹은 특정 주제에 관한 수천 개의 문헌 간에 존재하는 숨겨진 연결고리, 예를 들어 서로 다른 시대의 작가들이 공유하는 사상 또는 은유의 변용을 시각화하여 보여 줄 수 있다. AI가 파악한 이러한 연결망은 독자가 지식의 바다에서 표류하지 않고 제대로 지혜의 항해를 해 나갈 수 있는 나침반이 된다.

기술적 청사진: 개인화된 독서 환경과 AI 기반 학습 분석

미래 독서 교육의 기술적 기반은 독자가 자신의 잠재력을 최대한 발휘할 수 있는 맞춤형 환경을 조성하는 데 중점을 둔다. AI는 독자가 텍스트를 읽는 속도, 특정 단어에서 멈추는 빈도, 강조하고 반복해서 읽는 부분, 메모 패턴, 그리고 실시간으로 주어지는 미니 퀴즈의 정답률 등을 복합적으로 분석하여 독서 이해도를 실시간으로 측정할 수 있다. 만약 이해도가 특정 기준치 이하로 떨어지면, AI는 즉시 난이도를 조정하거나, 해당 내용에 대한 요약, 예시, 배경 설명을 팝업 형태로 제공할 수 있다. 이는 독자에게 좌절감 없는 지속적 성취감을 제공하여, 독서에 매진할 수 있도록 이끌어 준다.

독서 과정에서 독자의 감정은 학습 효과에 큰 영향을 미친다. AI는 독서 중 독자의 표정 변화(웹캠 활용), 타이핑 속도, 마우스 움직임 패턴 등 비언어적 단서를 분석하는 감성 AI(Affective AI) 기술을 활용하여 독자의 흥미도와 집중도를 파악할 수 있다. 흥미가 떨어지는 것으로 판단되면, AI는 잠시 독서를 중단하고 해당 주제와 관련된 흥미로운 시각 자료나 짧은 영상을 제안하여 휴식을 권할 수도 있다.

비문학 독서의 핵심은 저자의 논증 구조를 파악하는 것이다. AI는 복잡한 학술 텍스트를 분석하여 핵심 주장, 주요 근거, 반론, 최종 결론 사이의 논리적 흐름을 시각적 논증 구조 맵(Argument Mapping) 형태로 생성하는 것을 독자에게 제안할 수 있다. 독자는 이 맵을 통해 텍스트를 한눈에 이해하고, 논리적 오류나 비약이 있는 부분을 쉽게 식별하며 비판적 사고력을 훈련할 수 있다.

제도적 설계: 공공 도서관의 윤리적 책임과 데이터 주권

기술 발전이 빨라질수록, 이를 제어하고 인간적 가치를 수호하는 제도의 중요성은 더욱 커진다. 도서관은 이 제도적 설계의 최전선에 서야 한다. AI 독서 교육 시스템은 대량의 개인 독서 데이터를 다루기 때문에, 개인정보보호법을 준수하는 것을 넘어 완벽함에 가까운 데이터 보안 및 익명화 기술을 적용해야 한다. 도서관은 이용자에게 '자신의 독서 데이터가 어떻게 수집되고 분석되며, 이로 인해 어떤 추천이 도출되는지'에 대한 상세한 데이터 사용 동의 보고서를 의무적으로 제공해야 한다. 또한 이용자가 언제든지 자신의 데이터를 삭제하거나 분석 대상에서 제외할 수 있는 명확한 데이터 주권 행사 절차를 마련해야 한다.

AI 추천 알고리즘은 훈련 데이터에 내재된 편향성을 학습하여 특정 성별, 인종, 계층 또는 주제에 대한 차별적 독서를 강화할 가능성이 있다. 도서관은 정기적으로 외부 전문가에게 의뢰하여 AI 알고리즘의 편향성과 공정성을 감사하는 제도적 장치를 마련해야 한다. 이 감사를 통해 독서의 다양성을 저해하거나 특정 관점만을 강화하는 문제가 발견될 경우, 즉시 알고리즘을 수정하고 그 과정을 투명하게 공개해야 한다.

정보가 넘쳐나는 시대에 AI는 단순히 사실 전달을 넘어, 독자의 가치관과 윤리적 판단에도 영향을 미치는 콘텐츠를 추천하게 된다. 이러한 상황에서 도서관은 AI 추천 콘텐츠에 대한 자체적 검증 기준을 마련해야 한다. 특히 깊이 있는 사고와 윤리적 성찰을 유도하는 도서에는 권장 표시를 하는 등의 노력을 통해, AI가 인기나 최신성에만 기반하여 추천하는 편향을 방지하고 독서의 공공적 가치를 유지하는 데 기여할 수 있을 것이다.

인력의 역할 재정립: 사서, AI, 독자의 삼위일체 교육

AI 시대의 사서와 독서 교육자는 더 이상 지식 전달자가 아니다. AI 시스템을 활용하여 독자의 지적 여정을 돕는 안내자로서 역할을 재정립해야 한다.

미래의 사서는 AI 시스템의 단순한 사용자가 아니라, 이를 기획하고 운영하며 윤리적으로 통제하는 주체가 되어야 한다. 이를 위해 모든 사서는 AI 시스템의 원리, 데이터 수집 및 분석 방법, 그리고 데이터 윤리에 대한 전문 교육을 이수할 필요가 있다. 사서는 AI의 작동 방식과 한계를 인지하고, AI가 제공하지 못하는 인간적 통찰력과 비판적 관점을 이용자에게 제공해야 한다.

학교 독서 교육 현장에서는 이미 활용하고 있는 협력적 독서 모델에 AI를 도입할 수 있다. AI는 개개인의 이해도를 분석하여 학생들을 소그룹으로 묶어주고, 각 그룹 내에서 특정 주제에 대한 심층 토론을 위한 맞춤형 자료와 질문을 제공할 수 있다. 교사는 AI가 제공하는 분석 데이터를 바탕으로 학생들의 토론 과정을 관찰하고, 토론이 피상적인 수준에 머무르지 않고 깊이 있는 비판적 사고로 나아가도록 인간적인 개입과 조언을 제공해야 한다.

독서 교육의 최종 목표는 독자가 AI의 추천이나 분석 결과에 맹목적으로 의존하지 않고, 스스로 사고하고 판단하는 능력을 기르는 것이다. 교육 프로그램은 AI의 분석 결과에 대해 의문을 제기하고, 그 근거를 비판적으로 검토하며, 최종적으로 AI의 제안과 다른 독서 경로를 선택하는 인간의 판단을 존중하고 장려해야 한다. 이는 독자가 AI를 지배하는 주체로서 성장하도록 돕는다.

심층 독서 매개체로서의 AI: 지혜와 성찰로의 이행

AI가 지식 전달을 넘어 독자가 깊이 있는 독서를 하도록 돕는 매개체가 되어야 한다는 주장은 독서의 본질적 가치인 지혜와 성찰에 집중해야 함을 의미한다.

AI는 독자가 얼마나 많은 책을 얼마나 빨리 읽었는지(속도)를 측정하는 것을 넘어, 독자가 특정 개념, 주제, 감정에 대해 얼마나 깊이 있는 인지적 연결(깊이)을 이루었는지를 분석해야 한다. 이를 위해 AI는 독자의 메모, 독서 일지, 관련 토론 참여도 등을 종합적으로 분석하여 인지적 깊이 지수를 산출해야 한다. AI의 피드백은 '당신은 이번 달에 10권을 읽었습니다'와 같은 단순하고 정량적인 평가가 아니라, '당신은 이번 책을 통해 포스트모더니즘과 관련된 세 가지 새로운 개념적 연결을 구축했습니다'와 같은 정성적인 분석을 제공해야 한다.

심층 독서는 자신의 가치관과 세계관을 점검하는 성찰의 과정이다. AI는 독자가 읽은 책의 내용을 독자의 기존 독서 데이터 및 사회적 관심사와 연결하여 가치관을 성찰할 수 있는 질문을 유도해야 한다. 예를 들어, '당신이 읽은 환경 관련 도서들의 주제를 고려할 때, 당신의 일상 소비 습관은 당신이 지향하는 가치와 일치하는가? 혹시 불일치하는 부분이 있다면 무엇인가?'와 같은 질문은 독서가 삶의 변화로 이어지도록 돕는 심층적인 매개체 역할을 수행한다.

문학 독서는 타인의 삶을 간접적으로 경험하고 공감 능력을 기르기에 좋은 방법이다. AI는 독자가 소설 속 특정 인물의 감정 상태나 상황에 대해 더 깊이 공감할 수 있도록, 그 인물의 상황과 유사한 역사적 사건이나 심리학적 분석 자료를 연결하여 제공할 수 있다. 이는 독자가 단순한 줄거리 이해를 넘어 등장인물의 내면을 깊이 성찰하고, 공감의 영역을 확장하는 데 기여한다.

이용자 경험 중심 설계: 인간의 자율성을 극대화하는 시스템

공공 도서관 AI 시스템의 성공은 기술의 복잡성 뒤에 인간의 자율성과 독서의 즐거움을 보장하는 이용자 경험(UX) 중심의 설계가 있을 때 가능하다.

이용자에게 AI가 분석한 데이터를 단순한 통계치가 아닌, 자신의 지적 성장 과정을 보여 주는 예술적인 독서 궤적 맵(Reading Trajectory Map) 형태로 시각화하여 제공하는 것이 충분히 가능하다. 이 맵은 독자가 지난 1년간 어떤 주제들을 탐색했고, 지식의 깊이가 어떻게 확장되었으며, 어떤 지점에서 정체되거나 새로운 분야로 넘어갔는지를 한눈에 보여 준다. 이는 이용자가 자신의 독서 생활을 객관적으로 성찰하고, 스스로 다음 독서 목표를 설정하는 데 강력한 동기를 부여한다.

도서관은 AI가 운영하는 온라인 독서 토론 그룹에 AI 퍼실리테이터(Facilitator) 기능을 도입할 수 있다. AI는 토론의 진행자로서 참여자의 의견을 경청하고, 토론이 한쪽으로 치우칠 때 균형 잡힌 반론이나 새로운 관점을 제시하며, 토론 참가자들이 놓친 텍스트의 미묘한 부분을 짚어주는 역할을 수행해야 한다. 단, AI는 결코 결론을 강요하지 않고, 토론의 역동성과 인간적 상호작용을 촉진하는 보조자로 머물러야 한다.

독서 교육에서 AI의 역할은 정답을 제시하는 것이 아니라 독자가 스스로 정답을 찾아가도록 돕는 것이다. 이용자가 AI의 해석이나 분석 결과에 대해 동의하지 않는다는 피드백을 주면, AI는 이를 기록하고 왜 동의하지 않는지에 대한 독자의 논리적 근거를 제출하도록 유도해야 한다. 이 기능은 독자 스스로의 주체적 사고를 돕고, AI를 비판적으로 판단하는 능력을 키워준다.

지혜와 비판적 사고를 향한 독서 교육의 완성

미래 독서 교육의 청사진은 AI라는 강력한 기술을 바탕으로 그려지지만, 그 핵심 가치는 언제나 인간의 지혜와 비판적 사고의 배양에 두어져야 한다. AI를 통한 독서 교육의 미래는 기술이 지배하는 세계가 아니라, 기술이 인간의 고유한 능력인 사유와 성찰을 극대화하도록 봉사하는 세계를 지향해야 한다.

도서관은 이러한 청사진에서, 기술 · 제도 · 인력이라는 세 가지 축을 통합하는 역할을 담당해야 한다. 도서관이 구축할 AI 시스템은 단순한 지식 전달의 속도 경쟁에서 벗어나, 독자가 텍스트의 맥락을 깊이 이해하고, 비판적 질문을 통해 지식의 연결망 속에서 자신만의 지혜를 구축하도록 돕는 매개체가 되어야 한다.

투명하고 이용자 친화적인 설계 안에서 AI를 활용하되 인간의 판단을 존중하는 시스템은, 독서를 단순한 글을 읽는 행위가 아닌, 정보를 비판적으로 이해하고 평가하며 창의적으로 활용하여 삶의 다양한 문제에 대처하는 전반적인 역량(리터러시)을 발전시키는 도구가 될 것이다. 이를 통해 독서는 결국 민주적인 시민 의식을 함양하고 실천시키는 방향으로 귀결될 것이다. 미래 독서 교육의 완성은 결국 AI의 효율성 너머에 존재하는 인간의 윤리적 책임과 지적 자율성을 지켜내는 노력에 달려 있다. 도서관이 제시할 미래 독서 생태계는 모든 시민이 AI의 혜택을 누리면서도, 책이라는 고전적 매체를 통해 시대를 초월하는 인문학적 성찰을 지속할 수 있는 지속 가능한 환경을 구축하는 것이다.

참고문헌

장동선(2022). 《AI는 세상을 어떻게 바꾸는가》. 김영사.
UNESCO(2021). AI and education: guidance for policy-makers. https://doi.org/10.54675/PCSP7350

이운형

달성교육재단 산하 달성어린이숲도서관 소속 사서다.
성균관대학교 인문학부에서 서양철학을 공부하고 계명대학교 사서교육원에서 준사서과정을 수료했다. 달성군립도서관에 입사 후, 한국방송통신대학교에서 국어국문학으로 학사학위를 취득하고 경북대학교 일반대학원 문헌정보학 석사과정을 수료했다. 2022년, 문화체육관광부가 주최하고 한국도서관협회가 주관한 '도서관 길 위의 인문학' 공모 사업에서 우수담당자상(한국도서관협회장상), 2024년 문화체육관광부가 주최하고 한국문화예술위원회와 한국도서관협회가 공동 주관한 '길 위의 인문학' 공모 사업에서 우수담당자상(한국도서관협회장상)을 수상했다.